M. THIERS

ET

SA MISSION

PAR

Le Comte Alfred de la GUÉRONNIÈRE

L'intelligence doit présider au
gouvernement.
THUCYDIDE.

Aujourd'hui, dans un homme,
un peuple est tout entier.
CHENIER.

PARIS

E. DENTU, LIBRAIRE-ÉDITEUR

PALAIS-ROYAL, 17-19, GALERIE D'ORLÉANS

1871

M. THIERS

IMPRIMERIE BALITOUT, QUESTROY ET Cᵉ
7, rue Baillif et rue de Valois, 18.

M. THIERS

ET

SA MISSION

PAR

Le Comte Alfred de la GUÉRONNIÈRE

L'intelligence doit présider au
gouvernement.
THUCYDIDE.

Aujourd'hui, dans un homme,
un peuple est tout entier.
CHENIER.

E. DENTU, LIBRAIRE-ÉDITEUR

PALAIS-ROYAL, 17-19, GALERIE D'ORLÉANS

1871

AVANT-PROPOS

Les remèdes sont moins prompts
que les maux.
TACITE.

L'auteur ne saurait mieux faire que de placer au frontispice de son étude sur M. Thiers, la pensée d'un des plus remarquables écrivains qu'ait vu briller le grand siècle de Louis XIV. Comme s'il avait eu l'intuition de l'avenir, le peintre immortel des *Caractères* semble avoir tracé celui du président de la République de 1871 dans les lignes suivantes. Rarement il s'en est présenté une aussi juste application :

« Il apparaît de temps en temps sur la face de la terre, des hommes rares, qui bril-

lent et dont les qualités éminentes jettent
un éclat prodigieux. Semblables à ces étoiles
extraordinaires dont on ignore les causes et
dont on sait encore moins ce qu'elles de-
viennent, après avoir disparu, ils n'ont ni
aïeuls ni descendants, ils composent seuls
toute leur race.

» LA BRUYÈRE. »

Jamais le dévouement, le travail incessant, la science des détails, la vigilante prévoyance n'ont été plus nécessaires. Au rapide tableau des phases parcourues par
l'homme d'Etat appelé à relever une société
abattue, on apercevra, dans leur lumière,
les garanties que le passé offre à l'avenir.

Si, dans les circonstances normales, le
gouvernement exige autant de dons, à plus
forte raison que ne faut-il pas de ressources,
de tact, d'initiative et de retenue, tour à
tour, dans la situation apocalyptique qu'ont
faite à la France le gouvernement de Napoléon III, les fautives illusions de Gambetta,
les horreurs de la Commune! Tout est à
réédifier à l'intérieur; à l'extérieur, tout est

à reconquérir. Napoléon, par le système des grandes agglomérations, annulant le travail et le résultat de quatre cents ans de notre histoire, allait faire de la France prépondérante la Niobé des nations.

Ainsi l'empire n'a su que créer des obstacles et changer des alliances en mécontentement ou en hostilité. Pour relever le pays du Golgotha où il a été crucifié, quel autre que M. Thiers avait autant de crédit auprès des cabinets, et jusque dans la haute estime du roi de Prusse ?

D'anciennes sympathies, ces affinités qui existent entre les esprits supérieurs, ouvrent un accès favorable que semblait interdire la volonté inflexible du prince de Bismarck. Qu'on cite un autre diplomate français qui, à des conditions morales aussi propices, joint une telle expérience des affaires !

Aussi, en dépit des taquineries, des injustices de l'esprit de parti, des murmures de journaux pris d'un vertige de dénigrement ou affolés par des motifs d'un impur lucre, aux yeux de l'opinion impartiale, comme de l'histoire, la direction de la République aux mains de M. Thiers est un gage de sécurité pour la France. Il lui consacre les vigoureux restes d'une vie qui met l'ardeur de la jeunesse dans les méditations mûries de l'âge et de la pratique des affaires.

C'est ce que cet opuscule va montrer aux plus récalcitrants à l'évidence. Autrefois sentinelle vigilante, un chevalier fidèle s'écria : A moi, Auvergne! voilà l'ennemi! Ainsi, celui qui ne s'inspire que du sentiment du pur patriotisme, doit à son tour dire au peuple qui veut être replacé dans son honneur et être relevé de sa disgrâce : « Garez-vous comme de l'abîme des feux follets que projettent les faussetés de l'esprit, au nom du bonapartisme et du radicalisme : deux abîmes! »

Comte ALFRED DE LA GUÉRONNIÈRE.

BIOGRAPHIE HISTORIQUE

CHAPITRE PREMIER

PREMIÈRE PÉRIODE

Physionomie. — Caractère. — Facultés. — Éducation. — Début politique. — OEuvre de M. Thiers.

> Il médite sans efforts, il produit sans épuisement, il marche sans fatigue, et c'est le voyageur d'idées le plus rapide que je connaisse.
> CORMENIN.
> (*Orateurs parlementaires.*)

Il serait oiseux, après tant de photographies, de toiles historiques, de daguerréotyper une physionomie qui est dans le souvenir et sous le regard universels. D'ailleurs qui, soit à la Chambre, à l'Académie, dans quelque salon d'élite, soit en plein air, sur la route, au seuil des magasins artistiques, n'a eu occasion d'être frappé à l'aspect de cette tête dont l'ampleur rappelle celle

1.

de Napoléon Ier, de Cuvier, ces phénomènes du génie.

L'œil a des éclairs qui semblent pénétrer les pensées les plus secrètes de l'interlocuteur. Un ensemble de traits accentués, de larges épaules témoignent d'une nature robuste pour affronter les plus opiniâtres travaux de l'intelligence. Le buste, lui-même très-développé, est en proportion avec la tête. Le profil offre un caractère saisissant. Dans l'abandon de la causerie, la physionomie, — miroir transparent, — devient impénétrable quand le politique veut dominer et voiler ses impressions. De lèvres minces s'échappe un sourire qui unit la finesse à la bienveillance.

Il est des supériorités qui écrasent, celle-ci reste *bonhomme*, pour emprunter un vieux mais juste mot. Ce n'est pas le cérémonial qui glace, mais une simplicité de manières qui met à l'aise tout d'abord; une parole, dont la spontanéité semble exclusive de l'art, sait déployer les ressources et les tons divers de la pensée; en élargissant l'horizon, elle répand une confiance attractive qui encourage et efface la distance qui sépare d'un si merveilleux esprit; il semble une lampe d'Aladin pour faire la lumière.

Bossuet a dit que le bon sens était le maître du monde. C'est le trait saillant de cette nature d'élite.

Il n'est aucun visiteur qui, venu de tous les états et de tous les pays, n'ait été frappé de ce don, sceau de tant d'autres.

Ainsi s'explique comment, avec tant de pertinence qu'il semble spécialiste sur chaque sujet, M. Thiers les aborde et les dépouille tous avec une incomparable netteté.

A la tribune, où cette supériorité se fait reconnaître depuis quarante ans par des triomphes dont le dernier devient le nouveau fleuron d'une couronne oratoire, c'est par la force du raisonnement et l'ascendant du savoir que le *debater* prétend attirer dans son orbite les opinions errantes et versatiles au vent de l'intérêt personnel.

L'action extérieure, la majesté du geste, l'harmonie de la voix, ces moyens accessoires qui, souvent, suppléent à la détresse du fond, la nature n'en a pas pourvu M. Thiers. Son organe est flûté, grêle, mais la pensée s'en échappe en flot limpide, soudain comme l'éclair, avec une puissance de raisonnement qui prend l'esprit et le subjugue.

Telle est l'esquisse fidèle, quoique imparfaite, de cette personnalité originale qui domine la scène.

I

L'homme moral se montre dans ce que les Anglais appelaient la consistance, sur le parcours de
quarante années si pleines d'événements, il aurait le droit de dire: *Quorum pars magna fui.*

Cette vie si active résume les émotions et les sur-
prises des plus extraordinaires pages de l'histoire.
L'homme d'état en a suivi les étapes en retenant
l'estime de ses adversaires. Incorruptible et inébranlable dans son caractère public comme dans
ses convictions libérales, expression de ce que
l'on appelait le système parlementaire, il a vu
tomber dans leur impuissance les calomnies qu'at-
tire mais domine le véritable mérite. Planant par
l'intelligence et la grandeur du patriotisme au-
dessus des Zoïles et des vampires de l'esprit de
parti, toujours sous les pas d'un grand homme,
il a survécu dans le respect du monde et dans la
confiance des cabinets étrangers. Son génie pratique est le meilleur gage de paix.

C'est que le président de la République a le
coup d'œil des situations. Il embrasse l'horizon et

découvre les effets lointains que doivent amener
les causes non soupçonnées par les esprits de second ordre : ces derniers, marchant au hasard,
jouet de leur ivresse et des événements, enga-
gent avec une condamnable témérité les questions qui renferment le sort de leur pays. — Tel a
été, tel peut être encore, par suite de l'état d'i-
gnorance politique des masses et de leurs élus, le
malheur de la France.

Les Talleyrand, les Thiers sont rares ; encore,
par aventure, où il s'en trouve un, que de fois,
phénix méconnu, il avertit en vain !

Celui-ci a toujours placé la conservation dans
un libéralisme loyalement pratiqué ; émancipateur
il prétend régler les innovations sur les conditions de l'ordre social à préserver, en se basant
sur le degré des lumières. L'absolutisme du pouvoir ou la tyrannie de l'anarchie, les césars usur-
pateurs qui tuent le droit, les chefs démagogues
et communistes qui accaparent tout, ont recours
au même moyen : l'intimidation et la répression
arbitraires font que ces deux régimes si dissem-
blables par le principe originel se solidarisent
dans l'abus.

A l'encontre du bonapartisme et du radicalisme, de Napoléon le *chimérique,* de Rigault le
terroriste, pour M. Thiers il y a les principes,

c'est-à-dire la théorie que redresse l'expérience.

C'est la morale et la science appliquées au gouvernement avec leur sûre boussole.

Il a trouvé le pays dans le chaos : huit mois se sont écoulés. Quelle tâche accomplie déjà ! Il a pu, par l'ascendant de la confiance qu'il inspirait aux banquiers *rois du monde*, et à M. de Rothschild leur empereur, réunir les ressources qu'un autre eût vainement rêvées. Grâce à ce talisman, il est parvenu contre toute probabilité à affranchir la plupart des départements voués encore à une longue occupation. Six seulement (1), resteront dans les limbes, attendant le jour de la délivrance. Il viendra. — M. Victor Hugo, un adversaire, dans une causerie intime avec un ministre des États-Unis, de qui nous le tenons, disait : « M. Thiers est le seul qui puisse trouver et réunir les ressources, rançon de la délivrance ; il possède la confiance du monde financier. »

Il y a un ensemble de réformes, d'organisa-

---

(1) L'événement a justifié ce pronostic ; l'Empereur d'Allemagne et son ministre ont déclaré que tant que M. le président de la République serait au pouvoir, le gouvernement prussien accorderait spontanément les plus grandes facilités pour le payement des 3 milliards qui constituent encore notre dette de guerre. M. Quertier a été l'heureux négociateur.

tions qui, sans nul doute, occupe la pensée du chef de la République. Ses vacances à lui sont dix-huit heures de travail par jour. Il a 74 ans. Sa force est grâce d'État !

Il reste encore beaucoup à faire pour nous retirer du cloaque où nous a enfoncés le désordre impérial. Qu'on se demande, si les illusions, les emportements de Gambetta eussent continué à égarer la France, ce qu'elle fût devenue ! O puissance du génie pratique uni à un grand cœur ! C'est à ce double point de vue que s'explique l'œuvre de salut qui s'achèvera, si les partis ne viennent pas frustrer les efforts et les plans de l'habile nautonnier qui touchera le port.

Louis-Napoléon, s'écartant des traditions du premier Empire, faisait dériver ses choix aux hauts postes, moins du mérite que de considérations purement dynastiques. C'est pourquoi il dotait la France d'un assortiment de médiocrités. Les capacités, les légitimes renommées, eussent placé dans son gouvernement la force et la considération, au lieu de la faiblesse et du discrédit. Ainsi s'explique comment, au contact de la forte discipline de la Prusse, s'est évanoui l'Empire qui, en se parant des images d'Iéna, avait aliéné l'esprit qui gagne les victoires. Si des insuffisances, telles que MM. de La Valette, Pietri, Conti, se glissaient dans les conseils, il en était de même dans les camps.

M. Thiers s'inspire d'un autre sentiment aussi noble que louable. La composition de son ministère, de son entourage, ses promotions dans l'ordre militaire en témoignent à son honneur. Prenant un exemple dans le choix de son principal auxiliaire, le nom de M. Barthélemy Saint-Hilaire, à la tête du cabinet de la présidence, ce ressort si important, offre une édification significative (1). Ce n'est pas seulement un fidèle qui depuis quarante ans a suivi, sans déviation, la bannière de son illustre ami, le serrant de plus près aux jours de l'ostracisme, il est encore l'homme de savoir et du monde : le travailleur robuste se retrouve sous l'atticisme de l'académicien. Ce n'est pas une sinécure que cet emploi. Tous ceux qui ont approché M. Thiers savent que, levé à quatre heures du matin, il est à l'œuvre à cinq. Il y a donc un grand labeur qui laisse peu de loisir au repos. Après ces laborieuses et oppressives

(1) Voici mon plus vieil ami, a dit M. Thiers, en présentant aux membres du Conseil général de Seine-et-Oise M. Barthélemy Saint-Hilaire; c'est aussi un des plus anciens défenseurs des intérêts libéraux pour le département, a-t-il été répondu à M. Thiers, et le département est fier et heureux de voir M. Barthélemy Saint-Hilaire dans le poste de confiance où il a été placé.

journées, où il a fallu traîner la pesante charrue
de l'état, on est surpris de retrouver, chaque
soir, ces deux hommes alertes; ils semblent
s'être renouvelés en changeant de rôle, et leur
préoccupation n'alourdit point leur pensée qui
s'épanouit à la causerie si variée du salon. Le
lendemain ils reprennent leur tâche d'*état*, ce
rocher de Sysiphe qu'il faut rouler de nouveau.
Mais on s'aguerrit, et chacun sent l'ardeur se
ranimer en voyant le chef s'épargner si peu.

II

Tout ce que Cicéron réclamait pour l'arsenal de
l'orateur, la philosophie, l'histoire, la méthode,
la domination sur soi-même, la netteté du langage, l'habile disposition des arguments, l'à-propos du pathétique qui obtient par l'action de
l'âme ce que le syllogisme disputerait en vain à
la raison rebelle, tous ces avantages se rencon-
trent pour constituer cette exception originale
merveilleuse qui s'appelle : Thiers.

« Sans avoir été bercé sur les genoux d'une duchesse, » le premier rang lui a été dévolu, non par

droit de naissance, mais par la préséance d'un génie qui étincelle en mille traits aussi nouveaux
qu'inépuisables.—Journaliste incomparable ; historien national, secrétaire d'État et successivement
ministre dans les départements des finances, de
l'intérieur, du commerce, des affaires étrangères,
deux fois président du Conseil, sous Louis-Philippe, qui l'aimait en redoutant son indépendance,
comblé des témoignages des souverains qui offraient au charme du souvenir éblouissant, les
distinctions dont ils chamarraient à l'envi sa
poitrine ; il a bu à grands traits la coupe eni-
vrante de la gloire : salué par les plus grands,
célébré par toutes les trompettes de la renommée. — *Fils de ses œuvres*, comme disait un jour
Berryer, dans un des splendides mouvements que
sa parole rendait magiques, l'un et l'autre ont été
portés au sommet de la célébrité. De plus, il était
réservé à M. Thiers d'atteindre le point culmi-
nant de la plus haute fortune. La réalité fait pâlir
pour lui la magie du rêve.

III

Louis-Adolphe Thiers est né à Marseille, le
16 avril 1797. Sa mère appartenait à une ancienne famille de négociants maltraitée par la fortune. Il fit les études les plus brillantes au lycée
impérial de Marseille : il alla suivre les cours de
droit à la Faculté d'Aix.

Ce fut là qu'il contracta cette liaison, une
amitié, parure de la jeunesse, force dans les luttes du monde, avec M. Mignet. Ces deux noms
confondus dans une inaltérable et mutuelle sympathie sont inséparables dans la gloire. Les
deux amis de l'école, rappellent Oreste et Pi-
lade, cette allégorie touchante, pour en faire
une réalité au dix-neuvième siècle. M. Mignet, qui
est un habitué des salons de M. Thiers à Versailles, comme place Saint-Georges, n'en est pas un
des moindres ornements. C'est le modèle de
l'homme de lettres qui ne veut s'élever qu'en suivant sa vocation : on sait la haute place qu'a con-
quise dans l'estime du monde le savant académicien. Son illustre ami a pu offrir, en cons-

cience, à l'austère et profond annaliste, le grand
cordon de la Légion d'honneur. Il a rarement
projeté son lustre sur une poitrine plus digne.

« Tout en feuilletant le *Digeste* et le *Code civil,*
juste assez pour passer leurs examens, raconte
ce biographe charmant, que le public connaît sous
le pseudonyme de *l'Homme de rien,* — les deux
jeunes gens se livraient avec passion à l'étude de
la littérature, de la philosophie, de l'histoire, voire
même de la politique, et M. Thiers, dont l'âme
ambitieuse et ardente avait comme le pressenti-
ment d'un brillant avenir (1), jouait déjà à l'école
un petit rôle de chef de parti, clabaudait, criait,
pérorait contre le gouvernement de la Restauration, évoquait les souvenirs de la République et
de l'Empire, se faisait mal noter par ses profes-
seurs, exécrer par le commissaire de police, adorer par ses camarades, et remportait contre vents
et marées le prix d'éloquence.

(1) « Nous avons entendu souvent raconter à ce sujet l'histoire plus ou moins authentique d'une vieille marchande de
pommes placée à la porte de l'École de Droit, à laquelle
M. Thiers ne manquait jamais de dire en passant : « Les temps
» sont durs, ma bonne vieille, prenez patience, quand je serai
» ministre, je viendrai vous chercher en voiture à quatre che-
» vaux pour vous conduire dans mon hôtel. » La pauvre femme
hochait tristement la tête. Nous ne savons pas au juste si le
ministre s'est souvenu des promesses de l'étudiant. »

» Ce dernier fait a assez plisant mérite une mention particulière.

» Il s'agissait de l'éloge de Vauvenargues, mis au concours par l'Académie d'Aix, bonne et paisible académie qui, pour nous servir du mot de Voltaire, a toujours su, comme une honnête femme, ne jamais faire parler d'elle. M. Thiers se mit en tête d'obtenir le prix, et envoya son manuscrit. L'ouvrage fut trouvé éminemment supérieur; malheureusement la tentative de M. Thiers avait fait du bruit, son nom fut trahi ou deviné d'avance, et comme il n'y avait pas d'autre concurrent qui méritât la palme, plutôt que de l'adjuger au petit Jacobin, les doctes membres de l'aréopage renvoyèrent le concours à l'année suivante. A l'époque fixée, le manuscrit de M. Thiers reparaît de nouveau; dans l'intervalle était advenue de Paris une production qui éclipsait toutes les autres, et qu'on s'empressa de couronner, en accordant toutefois à l'œuvre présentée par M. Thiers l'humble faveur d'un accessit.

» Mais grand fut le désappointement de MM. les académiciens des Bouches-du-Rhône, lorsqu'en décachetant le nom du lauréat parisien, il se trouva que le vainqueur n'était autre que M. Thiers lui-même, lequel s'était donné le malin plaisir de mystifier la digne Académie, en traitant le sujet sous un nouveau point de vue, faisant recopier cette dernière composition par une main étrangère, la faisant voyager d'Aix à Paris et de Paris à Aix, et cumulant ainsi le prix et l'accessit.

» Reçu avocat, M. Thiers, après quelques débuts insignifiants au barreau d'Aix, comprit que dans cette ville toute patricienne, à une époque où le nom et la naissance entraient encore pour beaucoup dans l'évaluation d'un individu, il lui serait difficile de sortir de l'obscurité où l'avait fait naître le sort.

» Dans cette idée, il se décida à venir, en compagnie de M. Mignet, son Pylade, chercher fortune à Paris. Les deux amis débarquèrent dans la capitale, riches de talents et d'espérances, mais assez pauvres de numéraire. Les premiers mois de leur séjour furent peu brillants, si l'on en croit un écrivain (1) qui décrit ainsi leur modeste logement :

« Il y a bien des années que je gravis pour la
» première fois les innombrables degrés d'un
» sombre hôtel garni situé au fond du sale et
» obscur passage Montesquieu, dans l'un des
» quartiers les plus populeux et les plus bruyants
» de Paris. Ce fut avec un vif sentiment d'intérêt

(1) « M. Loève-Veimar. *Hommes d'état de France et d'Angleterre.* »

» que j'ouvris, au quatrième étage, la porte en-
» fumée d'une petite chambre qui vaut la peine
» d'être décrite : Une modeste commode et un lit
» en bois de noyer composaient tout l'ameuble-
» ment qui était complété par des rideaux de
» toile blanche, deux chaises et une petite table
» noire mal affermie sur ses pieds. »

» Tel était le local occupé par le futur président
du conseil ; comme on le voit, ceci ne ressemble
guère au gracieux hôtel de la place Saint-Georges, où M. Thiers, rentrée dans la vie privée, se
délasse au sein des études littéraires des fatigues
de la vie ministérielle.

» Quoi qu'il en soit, le pauvre avocat proven-
çal, obscur et inconnu, ne perd pas son temps à
attendre la fortune les bras croisés ; il sait que la
déesse est capricieuse et légère, qu'il faut la saisir
au passage et la brusquer au besoin. — A dire
vrai, la fortune se montra de très-bonne composition pour M. Thiers.

» C'était au commencement de 1823, sous le
ministère Villèle, en pleine Restauration ; Manuel,
le grand orateur, venait d'être expulsé violem-
ment de la Chambre, et l'expulsé de la veille était
la puissance du jour. M. Thiers vit du premier
coup d'œil quel devait être son rôle à lui, plébéien
et ambitieux, sous un gouvernement aristocra-

tique, et il alla droit à Manuel, homme du Midi, homme de franchise et de cœur, qui lui tendit la main, le présenta à M. Laffitte, et le fit admettre parmi les rédacteurs du *Constitutionnel*, le colosse d'alors. La position était belle, M. Thiers sut la mettre à profit; éminemment doué de l'esprit polémique, il se fit remarquer par la verve et l'audace de ses articles, et bientôt le jeune journaliste se vit introduit dans les salons les plus brillants de l'opposition, chez M. Laffitte, chez Casimir Périer, chez M. de Flahaut, chez le baron Louis, le premier financier de l'époque, dont il devint le commensal et l'élève, et jusque chez M. de Talleyrand, qui ne frayait pas avec tout le monde, comme chacun sait, mais dont le regard perçant devina les ressources de cette tête méridionale.

» Ce n'est pas tout : joignant à une merveilleuse facilité de style, une mémoire étonnante, un babil prodigieux, et une facilité de compréhension non moins grande, M. Thiers trouvait du temps pour suffire aux exigences de la presse quotidienne, courir les salons, parler souvent, écouter beaucoup, et s'approprier ensuite, par la méditation et l'étude, le fruit de ses conversations avec les principaux acteurs du grand drame révolutionnaire : vieux débris de la Constituante, de l'Assemblée législative, de la Convention, du Conseil des Cinq-

Cents, du Corps législatif, du Tribunat ; Girondins, Montagnards, vieux généraux de l'Empire, fournisseurs des armées révolutionnaires, diplomates, financiers, hommes de plume, hommes d'épée, hommes de tête, hommes de bras, M. Thiers passait en revue tout ce qu'il en restait, questionnant l'un, tournant autour de l'autre pour le faire parler, prêtant l'oreille gauche à celui-ci, l'oreille droite à celui-là; et puis, réunissant, coordonnant dans sa tête tous ces propos interrompus, il rentrait chez lui, se couchait sur le *Moniteur,* et ajoutait une page de plus à cette belle histoire de la Révolution française, qui ne tarda pas à paraître, et assura tout d'abord à M. Thiers une des plus brillantes positions littéraires de l'époque.

» Le plan purement narratif que nous nous sommes imposé ne nous permet pas de développer ici toute notre pensée sur cet ouvrage capital. Disons seulement que l'œuvre de M. Thiers, exclusivement consacrée à la glorification de la grande commotion de 89, renferme des beautés de premier ordre, comme style, comme tableaux, comme études financières et politiques, comme appréciation des personnes et des choses.

» Pour un homme qui n'a guère vu d'autre feu que celui du foyer domestique, la partie militaire surtout est traitée avec une clarté d'exposition

2

stratégique, une fermeté de pinceau qui tiennent
de la divination; et au dire des hommes compé-
tents, les volumes consacrés aux campagnes d'Italie sont de vrais chefs-d'œuvre du genre.

» Ce livre fit du bruit, souleva quelques haines,
beaucoup de sympathies, et, de ce moment, l'auteur fut classé parmi les hommes les plus éminents
et les plus avancés de l'opposition libérale. C'est
vers cette époque qu'un obscur libraire allemand,
nommé Schubart, s'attache à ses pas comme un
génie bienfaisant, et le met en relation avec le
baron Cotta, autre libraire d'outre-Rhin, devenu
millionnaire et grand seigneur, lequel s'éprend
pour M. Thiers d'un magnifique enthousiasme, et
lui fait cadeau d'une action du *Constitutionnel*,
valeur un peu déchue depuis, mais fort produc-
tive alors.

» Une période brillante marque le passage rapide
du nouveau et fécond collaborateur. M. Thiers
fonde le *National* en 1828, sous le patronage
financier des sommités de la gauche, avec la
collaboration d'Armand Carrel et des plus fortes
têtes du parti révolutionnaire.

» Alors commence cette lutte ardente, opiniâtre
et habile que M. Thiers dirige contre le gouvernement de la Restauration que le parti de la cour
pousse hors la voie constitutionnelle. Combat de

tous les jours, où M. Thiers est constamment sur la brèche, resserrant le ministère Polignac dans le cercle inflexible de la Charte, le harcelant sans cesse.

» Avez-vous jamais vu un taureau se débattre vainement contre un taon, qui s'attache à ses flancs, à ses yeux, à ses oreilles, à ses naseaux, l'étourdit de son bourdonnement et le perce de mille piqûres? l'animal, rendu furieux, mugit, écume, se tord, se roule, et ne pouvant parvenir à se debarrasser de son infatigable ennemi, finit souvent par se jeter la tête la première dans un abîme.

» Le ministère Polignac était le taureau, M. Thiers fut le taon; les ordonnances de juillet furent l'abîme. »

SECONDE PÉRIODE

La chute de la branche aînée. — Gouvernement de
Juillet. — L'unité de vues dans la diversité des emplois, le ministre, l'orateur, l'avertisseur se succèdent
pour n'être qu'un même esprit. — Attentats. — Lois
de Septembre. — Les divers ministères. — L'acte de
contrition de la France plébiscitaire. — Chute de
Louis-Philippe.

> Gardons tout, Charlemagne,
> Henri IV, les grands souvenirs de
> la première République. Nous
> devons être justes envers le
> passé. Deux jours n'effacent pas
> dix siècles.
>
> (Discours de J. SIMON.)

« Le 26 juillet 1830, au matin, raconte
M. Trognon, dans un ouvrage récent, le duc
d'Orléans entra dans le cabinet de toilette de sa
femme, tenant à la main le *Moniteur :* « Eh bien !
» ma chère, lui dit-il, c'est fait; voilà le coup d'É-
» tat, » et il lui remit le journal. C'était pour la
duchesse l'annonce d'une des plus cruelles épreuves de sa vie... »

Le duc d'Orléans, chef de la branche cadette,
fut proposé pour occuper le trône emporté dans la

tempête soulevée par les ordonnances Polignac.
— Le 30 juillet au matin, M. Thiers se rendait à
Neuilly, ce beau séjour auquel la haine corse de
Napoléon infligea, plus tard, l'outrage du dépè-
cement, dont il se fit l'entrepreneur dégradé par
le cynisme de cet audacieux vol. — Les tigellins
qui l'ont approuvé, au temps des mœurs eussent
fui au désert, pour se dérober au mépris. Combien
d'eux s'étalent encore dans les dignités, les pré-
bendes du budget, en lançant feu et flammes
contre le chef qui leur pardonne. Quelles que
soient leur broderie et leurs croix, ils sont les
Mayeux de l'injure.

Au fort de cette crise qui appelait une décision rapide, M. Thiers pressa le prince hési-
tant d'adhérer à l'offre collective du parti libéral. — Le journaliste, redoutant les désordres que
la République allait enfanter, les violences qu'elle
appelait par son seul nom, les périls qu'elle pro-
voquait au sein des répugnances de l'Europe,
voulait placer la couronne sur la tête d'un Bour-
bon qui promettrait de faire une vérité de la
charte amendée.

Les chefs de l'opinion populaire, MM. de La-
fayette, B. Constant, Casimir Périer, Dupin,
Casimir Delavigne, Jules de Lasteyrie, le barreau, la presse dont le *National*, le *Constitu·*

tionnel tenaient la tête, le commerce, l'industrie, le militarisme impérial, poussaient, se ralliaient à ce compromis. Il semblait qu'on voulût jeter un pont entre les rives du droit pur, abandonné, et le torrent révolutionnaire où l'on tremblait de s'aventurer (1).

M. Thiers, nommé au début conseiller d'Etat, franchit, à la course du génie triomphant, l'étape qui le séparait encore du ministère.

Sous-secrétaire d'Etat aux finances, de l'école du baron Louis, qui avait les pratiques et le véritable esprit qui conviennent à un réparateur,

(1) Notre récit vient d'être confirmé par les intéressants détails d'un écrivain, témoin oculaire, déjà cité; nous les lui empruntons : il s'agit de Marie-Amélie.

M. Thiers fut celui de tous qui lui fit le plus d'impression par la vivacité entraînante de son langage : elle convint de la puissance des raisons qu'il lui donnait; mais le visage inondé de pleurs, d'une voix sanglotante, elle lui remontrait tout ce que sa position avait de délicat, la bonté constante de Charles X envers elle et toute sa famille, le reproche d'ingratitude dont on flétrirait son mari, les vues d'odieuse ambition qu'on lui prêterait. J'entends encore l'accent déchirant avec lequel elle s'écria : « Ils l'appelleront usurpateur, lui, le plus honnête des hommes. » A bout de forces, cependant, et sentant les arguments qu'elle tirait de son cœur faibles, devant le suprême argument de la nécessité, poussée d'ailleurs par Mademoiselle (Madame Adélaïde), plus décidée qu'elle et plus touchée des raisons politiques, elle se détermina à envoyer dire au duc quel était l'état des choses, et combien il était urgent qu'il arrivât sans retard.....

ce fut grâce aux ressources et à la bonne impulsion de son glorieux élève, que la France trouva les moyens de surmonter une crise financière qui remettait tout en question : le secrétaire d'Etat fit des prodiges; plus heureux que Turgot, il empêcha la catastrophe. Ce ne fut pas sans combattre. La vérité étant l'apanage de peu d'élus, voit se dresser contre elle les filets de la routine. Le mérite ameute les jalousies et l'esprit de parti implacables : celui-ci, pour satisfaire ses abjectes passions, joue et engage la destinée d'une nation. Que de leçons toujours perdues! Le philosophe, le publiciste consciencieux ont beau avertir, il se trouvera toujours des *Figaro* et des *Gaulois* qui feront prévaloir la fantasmagorie boulevardière sur les intérêts et les adjurations du patriotisme.

A ces aboyeurs il suffit d'opposer le mot si juste de M. de Talleyrand : « M. Thiers n'est pas *parvenu,* il est *arrivé!* »

I

Bientôt nommé député à Aix, en Provence, il trouve au début les préventions de la Chambre. Peu après il aurait pu dire comme César : *Veni, vidi, vinci.*

Le sentiment national qui brûlait en lui, lui inspirait l'ardent désir, comme à Chateaubriand, que le gouvernement sans aller à la folle aventure, ainsi que l'a fait plus tard Napoléon III, saisît habilement l'occasion propice offerte par la fortune. — Alors l'Europe de la Sainte-Alliance voyait successivement briser les liens qui en affermissaient les parties. L'édifice du Congrès de Vienne croulait de toute part. Sur leur base soulevée par l'esprit nouveau que les journées de Juillet portaient au delà des frontières, les trônes chancelaient. La Pologne s'était détachée de la Russie, l'Allemagne tressaillait, des souverains, tels que le duc de Brunswick, étaient chassés, d'autres étaient menacés, la moindre étincelle tombant de la main de la France pouvait allumer l'incendie général : la Belgique avait refoulé la domination hollandaise ; l'Espagne et le Portugal couraient à des révolutions analogues à la nôtre, à travers les désolations de la guerre civile.

C'était un de ces moments où l'audace venant seconder la fortune pouvait changer la carte de l'Europe et prévenir de la sorte, par la main de la France, choisissant l'heure propice, les changements que M. de Bismarck devait y faire plus tard au profit de la Prusse. — Ailleurs, l'auteur de cette notice a marqué toutes les étapes de cette entreprise germanique qui n'était possible qu'à la condition d'avoir l'empereur pour complice. Infidèle à son nom, avec ses folles utopies, Napoléon III, traître à la France, a jeté dans l'abîme, sans le combler, hélas! les monuments de la sagesse et le fruit quatre fois séculaire de la politique des grands ministres des rois, des héros de la vieille France.

Lorsque M. Thiers voulait que la politique de la dynastie de Juillet portât les revendications nationales, l'Allemagne d'alors ne pouvait lui faire obstacle. Il semblait que la Providence, en laissant tomber tout ce qui avait été élevé comme barrière des défiances prohibitives à notre encontre, se déclarât pour la reprise de nos frontières, sans qu'un coup de fusil pût servir de protestation impuissante de la part des puissances frappées de terreur.

L'Angleterre allait passer des *torys* aux *wighs*. L'Agamemnon des rois qui avait voulu les rallier à son cri de guerre contre la France, Nicolas, obligé de garder ses forces pour lui-même, les voyait se briser à la résistance de l'héroïque Pologne. Plusieurs généraux y perdirent leur réputation, Diebitch la vie. — Ce ne fut que plus tard, après l'abandon déclaré de la France, que Paskewitch réussit, à force d'efforts et de sacrifices.

L'Europe monarchique en fut rassérénée et reprit ses esprits évanouis au tocsin de tant de révolutions nationales ou populaires.

Mais bientôt l'élément de perturbation qui, lorsqu'il prend le dessus, compromet les meilleures causes, et fait mauvaises les bonnes chances, par l'émeute, par la menace aux principes et aux intérêts, sans la sécurité desquels tout vacille, prétendit, à l'intérieur et à l'extérieur, substituer ses violences à la marche régulière et mesurée du gouvernement. — Le ministère Casimir Périer surgit du besoin d'élever une digue contre ce double courant, à savoir : la licence d'un côté, de l'autre la propagande furibonde. Les États se croyant menacés vont se coaliser contre la France, tenue pour un volcan dont les laves allaient emporter tous les trônes ! Alors, M. Thiers, toujours libéral, mais jamais révolutionnaire, crut devoir seconder la politique conservatrice, dont le ministère du 13 mars était le porte-drapeau.

C'était la raison de l'homme d'État qui refoulait d'anciens souvenirs, à la perspective de bouleversements où le sort de la France était en jeu. Exemple salutaire montrant ce que la raison convaincue peut contre les passions irréfléchies des masses. Il est beau de les sauver des conséquences de leurs illusions. — Tel a toujours été le rôle

véritablement honnète et national de M. Thiers.
Pas un acte de cette longue carrière n'y a forfait.

M. Casimir Périer meurt le 11 octobre 1831.
— On peut dire : ses jours furent rapides mais
bien remplis : ce fut un deuil national. — Ce
n'était pas, comme pour M. de Morny, les ensei-
gnes d'une pompe funèbre, à laquelle ne répond
pas l'âme du peuple, il se lamentait de la perte
d'un grand citoyen; tel était pour lui M. Casimir
Périer. Ce revendicateur de la liberté et ce champion de l'ordre, mourait prématurément sous
l'émotion que les luttes apportaient brûlante à
cette énergique mais sensible nature.

II

Le maréchal Soult est à la tête du nouveau cabinet où M. Thiers prend le portefeuille de l'intérieur.

La lutte et la prompte pacification de la Vendée
se rapportent à cette phase.

La courageuse duchesse de Berry devait recou-
vrer sa liberté après quelques mois de captivité
dans le fort de Blaye. Que de Blondels des deux
sexes lui envoyèrent les gages de leur fidélité !

La guerre civile expirait au seuil qui vit passer, trahie par la fortune, cette noble et intéressante captive. — Chateaubriand, Berryer, M. de Beauchêne, le génie littéraire, oratoire, la poésie indomptable du Breton, prodiguèrent à la fille des rois, à la mère de Henri V, leurs sympathies les plus éloquemment touchantes.

Mais le destin est inflexible.

Vient le tour de la question extérieure. Anvers est assiégé. Le général Chassé, un des anciens héros de la coalition de l'Europe contre Napoléon, après une lutte désespérée, est réduit à se rendre au duc d'Orléans et au maréchal Gérard. — La Belgique libre n'est plus désormais dans sa neutralité qu'un contrefort qui modifie la balance au profit de la France, dont elle avait été arrachée.

La fille de Louis-Philippe épouse Léopold, qui était devenu le roi du nouveau royaume. Un gouvernement constitutionnel admirable vient greffer, sur la fusion de deux races, l'esprit libéral qui formait le prolongement moral de la frontière française. De cette propice union sortent les rejetons d'une famille aussi loyale que belle qui s'épanouit et se naturalise dans l'atmosphère d'une prospérité, à l'égal de celle qui chaque année fait en France de nouveaux et féconds progrès.

III

De l'intérieur, M. Thiers, répugnant à la police, qui rentrait dans ses attributions, passe au commerce. Il pousse aux grands travaux, sans dépasser les limites prescrites par l'ordre des ressources.

Ce n'était pas le temps où l'on voulait, à force d'argent et de primes usuraires, faire tout à la fois, en grevant l'avenir par les fantaisies d'une précipitation qui vient demander à quelques années l'œuvre des siècles. On éblouit le regard, on accable le contribuable et l'on charge le grand livre.

En graduant les ressources, M. Thiers achève l'Arc-de-Triomphe, le palais d'Orsay, la Madeleine, embellit Paris, y joint les travaux productifs, et répare, multiplie les routes et les canaux.

Mais l'azur du ciel politique voit poindre le grain noir précurseur de l'orage. — L'esprit d'in-

3

surrection prépare une nouvelle levée de bou-
cliers au nom de la République. — On veut la
prévenir par une loi contre les associations.
M. Lamartine, dans son bel ouvrage des *Girondins*, a dit tout ce que les clubs et la mise en
commun des passions de la rue ont fait tomber
de malheurs sur la France. La Commune de 1871,
ayant pour prêches les réunions de Belleville et
autres, en a fourni le lugubre et sanglant témoignage. C'est ce que nous avons établi dans un
autre ouvrage.

Dans cette situation critique, M. Thiers était
désigné par son activité, son intelligence, son
énergie, à reprendre le poste de l'intérieur. —
Bientôt, presque simultanément, la révolte éclate
à Lyon et à Paris : le ministre, joignant le courage physique à la fermeté du caractère, marche,
avec l'armée, aux barricades. A ses côtés, le ca-
pitaine Rey et Armand de Vareilles sont frappés par
les balles dirigées contre leur compagnon. Celui-
ci, libéral par nature et principes, la répression
achevée, fait de vains efforts dans le sein du
Conseil pour que les coupables fussent jugés par
le jury, au lieu d'être traduits devant la Chambre
des pairs. Cette haute juridiction renfermait de
grands talents, des caractères élevés, des illustrations de tous genres ; mais elle était suspecte,

impopulaire, comme tous les tribunaux et cours d'exception.

Des dissidences éclatent entre l'homme d'État et le maréchal Soult, qui croyait plus au sabre qui s'ébrèche et se brise, qu'à la pensée qui garde son sceptre immortel. C'est en vain qu'on veut en circonscrire la puissance, à la longue, la force irréfléchie est réduite à lui rendre les armes. — M. Soult, même dans le domaine de l'administration militaire, avait les plus fausses idées. C'était un manœuvrier par l'habitude des combats, mais le génie de l'administration lui était étranger. Le maréchal avait l'étiquette d'un passé qui, pour la foule, fait supposer des aptitudes, mais ne les donne pas. Quant à ce qui constitue un ministre de la guerre, il n'en possédait ni l'esprit d'ensemble, ni la méthode administrative. Aussi, M. le maréchal Bugeaud, très-fort spécialiste, en toute occasion, se faisait un malin plaisir de prendre en défaut le vieux chef de l'état-major de Waterloo. Véritablement instruit et expérimenté, le vainqueur d'Isly savait coordonner les moindres détails à l'ensemble. Il s'entendait avec M. Thiers, auquel il se plaisait à rendre la justice due à ses aptitudes et à sa science des questions militaires. Elle s'est retrouvée pour sauver la France dans la douloureuse mais inévitable campagne où il sut si bien com-

biner le plan qui a triomphé de la Commune. —
Si le brave maréchal Mac-Mahon et ses vaillants
compagnons d'armes furent l'héroïque main qui
l'exécuta, c'était le président de la République
qui en était le stratégiste, en ne laissant rien
au hasard de ce que pouvait régler et assurer une
habile prévoyance. C'est donc à juste titre que
Bugeaud, notre glorieux compatriote, louait chez
son ami la merveilleuse intelligence de tout ce
qui se rattache à la guerre et à ses opérations si
complexes.

Soult succombe, — le ministère Bassano végète
trois jours et ne peut aboutir. Le maréchal Mortier forme un cabinet, avec M. Thiers pour pivot.

A la session de 1835, la question d'amnistie est
introduite. Le ministre pensant qu'affaiblir en ce
moment la justice par l'abandon de la répression
des coupables c'était ouvrir l'accès à de nouveaux troubles, repousse l'inopportunité de l'ou-
bli et d'une clémence qui laisse la société à la
merci de nouvelles tentatives. C'était d'autant
plus nécessaire que 1835 venait d'inaugurer par
le complot de Neuilly l'ère des assassinats qui dura
douze ans. Au commencement de juillet, un baril
de poudre devait éclater sur le passage du roi.
L'historien de la famille d'Orléans raconte :
« M. Thiers, alors ministre de l'intérieur, qui en

était instruit, voulait monter dans cette voiture avec les deux aides de camp de service, et aller s'offrir au danger de l'explosion, pour que ses agents apostés pussent mettre la main sur les assassins. Le roi s'y refusa obstinément, réclamant pour lui le péril, s'il y en avait, et il invoqua à l'appui de sa résolution l'opinion de la reine, qui au même instant entrait dans son cabinet. « Tu as raison, mon ami, lui répondit-elle, et » j'irai avec toi. » De la part de l'un et de l'autre la détermination était inébranlable, et tout ce qu'obtint le dévouement fut de prendre place avec eux dans la voiture royale. Mais la police, par quelques arrestations précipitées, avait laissé voir qu'elle était maîtresse du secret; il n'y eut rien de tenté contre le roi sur son passage ; les conjurés n'en furent pas moins saisis, avec l'instrument de leur crime, et condamnés par la Cour d'assises. »

De même que Cicéron, l'émule du grand orateur romain ambitionne la gloire littéraire.

A sa réception à l'Académie française, il tint l'auditoire sous le charme. L'illustre assemblée retrouvait l'idéal du dix-huitième siècle dans cette fine éloquence semée de traits, où le bon sens gardait tout son empire. Voilà de ces victoires pacifiques comme l'esprit sait les gagner au profit de la civilisation et qui loin de faire verser des lar-

mes, font éclater les applaudissements et laissent
la sérénité dans le souvenir !

IV

Tout en accomplissant ses pénibles et impérieux
devoirs, l'académicien, on le voit, cherchait dans
les belles-lettres des consolations aux tristesses
de la politique.

Le maréchal Mortier, fatigué ou humilié de son
rôle secondaire, tandis que son lieutenant ne ces-
sait d'élargir le sien, résigne le pouvoir. M. le
duc de Broglie survient. Il va chercher M. Thiers
qui, comme Achille, s'était confiné dans sa tente,
sans cependant témoigner d'aucun mécontentement. Il cède aux instances qui viennent aussitôt
réclamer son concours tenu pour indispensable.

L'explosion Fieschi trouve le ministre à côté du
roi. Le maréchal Mortier est frappé à mort. Qu'on
se reporte à l'indignation qui saisit Paris et la
France. On convoqua aussitôt les Chambres; les
lois de Septembre furent votées.

On a fait grand bruit de la rigueur de ces lois. On en parle sans connaître leurs dispositions. Elles laissèrent intact le principe de la liberté de la presse, en établissant des prohibitions ou plutôt des pénalités contre l'abus. On oublie, comme l'a dit Royer-Collard, que tout gouvernement repose sur le besoin et le droit connexe et fondamental de se conserver, pour protéger la société dont il est le bouclier. Seulement, dans les moyens auxquels il faut avoir recours, c'est une question de mesure. L'Empire, et Gambetta encore plus arbitraire, ne l'ont pas gardée sur la pente des abîmes qu'ils suivaient.

Un jour, dans un grand tournoi auquel il nous fut donné d'assister, nous avons vu M. Rouher, au Corps législatif, vouloir faire au grand homme d'État, à l'ancien ministre de Louis-Philippe, un tort de ces lois, plus préservatrices que répressives. Le *vice-empereur*, comme l'avait qualifié M. Emile Ollivier, fut ce jour-là mal inspiré ; il mordit la poussière sous la vive riposte écrasante de l'athlète qu'il avait provoqué. — Est-ce que les lois de Septembre n'étaient pas un régime libéral, comparé surtout à celui que le second Empire appliqua constamment à la presse ? Les avertissements, des Chambres correctionnelles triées, avec un M. Delesvaux pour Laubardemont, cons-

tituaient une monstruosité. Berryer, Thiers, J. Favre vivant par un tel souvenir qui défie les cris
des orfraies, ont fait la lumière pour le monde
des esprits et l'histoire. La partialité chronique
peut pousser ses coassements, étourdir les simples, elle n'étouffera pas la voix de la conscience.
Pour elle, l'hypocrisie de l'Empire restera une
honte, comme elle devrait être un remords pour
les complices dont la vile complaisance a amené
ces désastres que le génie et le patriotisme de
M. Thiers cherchent à réparer par un travail incessant.

Toujours est-il, pour en finir avec un incident
qui a sa place dans nos annales parlementaires,
M. Thiers, Achille de la discussion, sous l'admi-
ration de l'auditoire et de la Chambre elle-même,
inféodée au système, laissa impuissant et vaincu
le téméraire agresseur, râlant sa défaite. — Ce
qui n'empêcha pas le lendemain, suivant l'usage
stéréotypé, toute la presse officielle de célébrer
le *grand ministre* qui avait perdu l'équilibre et
rendu ses armes. Cette manière d'écrire l'histoire
fut celle des polichinelles de l'Empire.

V

La lutte, non pour de vains motifs, mais pour une opposition de principe, va commencer entre M. Guizot et M. Thiers. Celui-ci reste maître de la position le 22 février, et devient président du conseil, ministre des affaires étrangères.

Au sein des divisions des partis, la navigation est difficile entre Charybde et Scylla. Cette obligation pour le pilote de ne se heurter ni au centre droit ni au centre gauche, rend la manœuvre périlleuse.

L'Espagne est un surcroît d'embarras. La question se pose entre l'intervention *franche* et la non intervention *hypocrite*. M. Thiers n'admet pas cette dernière, qui est une sourdine indigne de la France ; il se retire devant le dissentiment avec la couronne. Ce fut l'avènement du ministère du 15 avril ayant pour chef le comte Molé.

Son prédécesseur va s'inspirer au ciel et aux souvenirs de l'Italie ; il en rapporte ce que recueillent les esprits au regard d'aigle, les profonds observa-

teurs, c'est-à-dire un monde d'aperçus, de nouveaux arguments; il y joignait de merveilleuses
collections d'art. Grande jouissance et doux repos
pour ces natures, sur lesquelles la supériorité, le
beau, dans toutes ses manifestations, exercent leur
irrésistible, mais salutaire attraction. Ce sont ces
trésors de l'art, formant le musée de la place Saint-
Georges, conquête du goût le plus pur, que la
Commune dévastatrice et sanglante avait voués à
la destruction. Là se retrouve dans ce qu'elle a de
plus hideux, l'envie de l'esprit révolutionnaire.
— Rien n'obtient grâce devant lui. Les illustrations des ancêtres, les services nationaux, les titres
du génie réveillent sa colère et provoquent sa
vengeance. Quand la personne lui échappe, on
s'en prend aux choses, à la matérialité insensible,
on brise le meuble comme un complice, on frappe
la pierre. Les *peaux rouges* réservent leur fureur
pour l'ennemi étranger: les souverains en gue-
nille de l'ignorance, les séides du socialisme in-
troduisent l'anthropophagie comme insulte au dieu
de paix et comme une ironie cruelle au progrès
qu'ils invoquent.

Le ministère Molé se traîne péniblement; il
succombe devant les coalitions où nous combat-
tions nous-même, dans l'*Europe* que nous diri-
gions.

Le principe de libéralisme constitutionnel auquel nous n'avons pas failli un seul jour, nous faisait un devoir de rallier le drapeau des grands chefs unis pour mettre un frein à la politique personnelle, dont le comte Molé, homme des traditions de l'Empire, se fit le trop complaisant porte-voix. MM. Thiers, Guizot, Berryer, O. Barrot, Dufaure, Garnier-Pagès, toutes les sommités de la Chambre, se groupent sous la devise qui devient leur lien : « Le Roi règne et ne gouverne pas. »

C'était le pur libéralisme dans la sincère et loyale pratique du gouvernement constitutionnel. Toutes les nouvelles combinaisons de formes qui voudront faire sortir le droit du nombre, non de l'esprit, rappellent cette belle parole de saint Jean : « La lumière luit dans les ténèbres, et les ténèbres ne l'ont pas comprise. » Hors de la direction gouvernementale par la capacité morale probe, patriotique et désintéressée, on aura de vaines étiquettes, telles que les plébiscites, par exemple, qui absolvent le crime du 2 décembre, la folie du Mexique ; on aura la corruption qui fait les Sedan, grâce à la pourriture qui dérobe une nation à elle-même. Alors, en dépit des allocations énormes, sous un contrôle fictif, on vivait des faux effectifs d'une armée, purement budgétaires, avec des marchés qui, sous l'Empire,

comme sous la République lui succédant, attiraient avides les corbeaux que l'enquête montre
dans leurs voraces appétits.

Ainsi la France du suffrage universel, enivrée
et aveuglée par les mots, voit toutes les réalités
lui échapper dans le vide fait par l'ignorance et le
mensonge , au-dessous duquel est un profond
abîme.

Sous la Restauration, comme sous le gouvernement de Juillet, ces scandales ne se sont pas vus.
Ils y étaient impossibles, de même que sous le
gouvernement où l'illustre chef M. Thiers a des
auxiliaires tels que MM. Dufaure, de Larcy, Po-
thuau, de Rémusat, Pouyer-Quertier, de Cissey.
M. J. Simon, ce bouc émissaire des partis, a cependant un talent auquel il faut au moins rendre
hommage, son dernier discours est un monument.

M. Casimir Périer est venu, depuis, fortifier ce
ministère, de sa science administrative et de sa
haute probité.

VI

Le ministère Molé succomba sous la condamnation des élections de 1839. Le suffrage restreint,
par cela même qu'il était aux mains d'une classe

éclairée par l'éducation, n'était pas la proie dis-
crétionnaire du ministre de l'intérieur et des pa-
chas de l'administration, comme l'est devenu sous
l'Empire le suffrage universel pollué et désho-
noré, grâce aux audaces des meneurs d'en haut
et à la servilité de la multitude rurale. C'est ainsi
qu'en Poitou, en 1869, on a vu M. Thiers, le glorieux homme d'Etat, abandonné pour M. Bour-
beau, par les paysans et même par un grand nombre de leurs nobles propriétaires. Les accès étaient
partout barricadés devant la gloire, devant tout
ce qui arborait la bannière de l'indépendance. Oh !
en vérité, sous de pareils souvenirs, la France,
s'humiliant et se frappant la poitrine, doit se dire :
« J'ai péché, j'ai été imprévoyante, folle, ingrate,
j'ai sacrifié les principes au Moloch de l'Empire,
j'ai été roulée dans la poussière et le sang, j'ai été
taxée à une rançon de cinq milliards pour avoir
acclamé, dans des plébiscites honteux, ce qui l'é-
tait plus encore, le césarisme napoléonien, je suis
tombée aux mains inhabiles d'un illuminé, Gambetta, qui a tant ajouté à mes disgrâces. Paris,
soumis à la loi de la Commune, fut, dans ces jours,
l'épouvante du monde, lui qui en était les délices.
J'abjure les erreurs de la révolution ; c'est l'engre-
nage qui, une fois qu'il a pris le doigt, broie le
corps en entier ; je renonce au bonapartisme, au

radicalisme, ceux qui ont au front ce signe maudit sont les faux prophètes : Retirez-vous, démons.»

Tant que la France n'aura pas fait cette abjuration, ballottée par les courants capricieux, elle court risque d'un naufrage.

Mais pour gagner le port que désigne la science pratique greffée sur la probité du caractère de M. Thiers, il y a une autre condition : il importe d'échapper aux coteries, à l'égoïsme, qui ramènent tout au point de vue individuel, pour s'élever à la synthèse gouvernementale, hors laquelle une nation oscille comme un vaisseau désemparé.

VII

La chute du ministère du 15 avril est consommée, le comte Molé, qui gardait les traditions de son grand nom, se retire devant l'hostilité de la nouvelle Chambre, après un discours où la fierté du caractère plane au-dessus de la disgrâce. — Ce type d'hommes ne s'est pas retrouvé dans les conseils, où, pour garder le pouvoir, les Rouher,

La Valette, tous se résignaient à se renier sans cesse. C'est en vertu du respect de lui-même, qu'en dépit de toutes les instances, M. Thiers refuse de prendre, dans le cabinet nouveau, la place qui lui est offerte. Le ministre s'éclipse, il est vrai, pour se recueillir; mais restent le littérateur, l'orateur et l'historien ! Le dernier, dans les annales de l'Empire, élève ce monument impérissable formé par vingt gros volumes. Il faut être un hercule de l'intelligence pour suffire à une si gigantesque tâche au sein des agitations de la vie publique, alors que dans les assemblées, dans les salons, à l'Académie, dans la presse, on est point de mire et que l'on donne l'impulsion. Cette prodigieuse activité que M. Thiers maintient sous le poids de ses soixante-quatorze ans, est un privilége des natures supérieures où l'âme dominant la matière, la fait bronze contre la fatigue. On sait l'œuvre de l'historien; mais, ce n'est pas tout, le littérateur soutenait l'honneur des belles-lettres et se montrait un maître accompli, en même temps qu'un Mécène de l'art. L'orateur, un des rois de la tribune, dont les autres étaient Berryer, Guizot, Lamartine, faisait éclater sous sa parole les applaudissements; il était célébré par la presse, en attendant qu'il conquît, par le succès, la direction d'un autre cabinet.

En effet, il ne tarda pas à rentrer en maître ; nouveau Warwich, le 1er mars 1840, il avait formé un ministère dont il était le président avec le portefeuille des affaires étrangères.

VIII

La question d'Orient, toujours ce redoutable sphynx de l'avenir se présente dans toute sa gravité. D'autres, sans compter nous-même, en ont établi le bilan. Nous nous bornerons à en détacher la pensée que le patriotisme et l'intuition de l'avenir avaient inscrite dans le programme du chef du cabinet ; il dut se retirer devant les hésitations de la couronne.

L'influence de la politique d'abandon qui prévalut alors répercute ses effets dans toute la série des événements et domine même le présent.—Les détails exigeraient une publication, où M. Thiers seul, avec ce don de clarté qui lui est propre, comme Chateaubriand dans le *Congrès de Vérone*, pourrait, à travers les antagonismes des vues, dérouler le fil qui fait sortir du labyrinthe. Ce résultat exigeait la direction supérieure d'un homme d'État sachant le fort et le faible des partis qu'il avait à rencontrer.

La science pratique venant en aide au génie politique est la boussole d'orientation qui permet d'éviter les écueils.

La pensée du président du cabinet du 1er mars était de profiter de l'état de l'Allemagne embarrassée dans l'enchevêtrement de ses trente-quatre souverainetés, et du trouble de l'Orient qui s'affaissait sous la marche victorieuse d'Ibrahim, pour rendre à la France son rôle, asseoir définitivement sa grandeur sur la sécurité que trouverait l'avenir (1). Ce n'était pas le rachitisme de vues éphémères qui concentre tout dans la lueur fugitive du présent.

M. Guizot se chargea d'y substituer la politique d'une inerte résignation. Vainement il dissimulait l'inanité sous les maximes d'une nébuleuse philosophie : il eut une majorité; mais en dépit de ces approbations, l'âme de la France avait cessé de battre dans les conseils du gouvernement doctrinaire. Il ne devait pas tarder à sombrer entre le

(1) Deux choses sont destinées à être mangées, a dit lord Palmerston : les huîtres et la Turquie. On pourrait y ajouter aujourd'hui l'Autriche.

droit traditionnel monarchique dont Berryer
était le verbe foudroyant, et les anathèmes du
parti populaire. L'un et l'autre étaient implacables contre l'affaissement de l'action française au
dehors. M. de Lamartine présageait la révolution
du mépris. (1)

(1) Durant ce ministère, dit du 1er mars 1840, Louis-Napoléon, violateur de sa parole de Strasbourg, fait sa coupable
conspiration de Boulogne. Elle fut déjouée par M. Thiers. Le
prince arrêté fut traité par la dynastie de Juillet et M. Thiers,
comme ils ne l'eussent pas été par lui s'ils s'étaient levés contre
sa dictature impériale. Les temps sont bien changés, mais la
monomanie régnante survit aux souvenirs de Strasbourg, Boulogne et à la condamnation de Sedan, et il se trouve des mo-
nomanes non moins incurables dans le cynisme de leur convoi-
tise pour favoriser ce crime de lèse-nation ! En dépit de cette
recrudescence, on peut prédire sûrement que tant que la constitution, les libertés de la France seront sous la garde de
l'homme d'État qu'on n'abuse pas, tout ce feu grison de sédition *s'en ira en fumée.* Mais ces nuages noirs qui s'échappent de
l'antre de sinistres projets sont déjà de trop ; ils obscurcissent
l'horizon national que le dévouement et la science politique
cherchent à rasséréner dans l'azur de la confiance et du crédit.

CHAPITRE III

La République de 1848. — Lamartine. — Les journées de juin, avant-coureur de la Commune. — La défense des principes sociaux et des droits constitutionnels, par M. Thiers. — Le coup d'État de 1851. — M. de Morny et les pots de vin. — MM. Rouher, Magnan, La Valette, etc.

La Révolution de 1848, que M. Thiers, avertisseur clairvoyant, avait annoncée en vain, éclata. — La dynastie de Juillet, à son tour, prend le chemin de l'exil. — Cette chute royale ébranle l'Europe. Tous les trônes chancellent ; M. de Lamartine avait fait une circulaire qui donnait les peuples pour alliés à la nouvelle République. Elle ne sut pas profiter de sa victoire ; comme toujours, l'exagération perdit le fruit de la modération. Les journées de juin, où l'on crut saisir le fil d'affinités bonapartistes, n'eurent pas une petite part dans l'élection du 10 décembre. Le président de la République cachait le prétendant ; ce dernier ne pouvait être qu'un empereur.

Dans cette période si pleine d'émotion et de périls, on ne saurait mieux caractériser le rôle si noblement patriotique de M. Thiers, qu'il ne l'a fait lui-même dans une circulaire qui était un chef-d'œuvre. Adressée en 1869, aux électeurs de la Vienne qui n'en tinrent compte, elle est peu connue. L'éloquente voix égarait dans le désert sa lumière et ses prophétiques avertissements.

Le grand rôle de l'ancien président du conseil de Louis-Philippe, au pouvoir, dans sa retraite, comme dans l'opposition de 1830, aux élections de 1869, se trouve retracé en quelques paragraphes dans cette forme concise qui n'appartient qu'à lui. Cette scène de quarante années où passent tant d'événements, se reproduit sous le trait du pinceau du grand homme d'État qui redevient historien à la manière de Tacite. C'est le fragment d'un manifeste sous la date du 12 mai 1869, aux électeurs de la Vienne qui, malheureusement, gentilshommes, bourgeois, paysans, pris du même aveuglement, firent la sourde oreille.

I

« Appelé au ministère après 1830, je m'efforçai de faire prévaloir ce que je considérais alors comme l'opinion vraie et raisonnable du pays, c'est-à-dire l'élargissement du suffrage électoral et une attitude plus ferme à l'égard des puissances du continent. N'ayant pu faire partager cette manière de penser, je me séparai avec douleur d'un prince dont j'aimais la personne, dont j'honorais les intentions et admirais l'esprit, et j'apportai dans les Chambres l'opinion que je n'avais pu faire adopter dans les conseils de la couronne. Il me semble qu'un citoyen qui a pris au sérieux le gouvernement représentatif n'avait pas une autre conduite à tenir.

» Bientôt la Révolution de 1848 étant venue prouver une fois de plus que la responsabilité des actes du gouvernement, concentrée sur la tête des monarques, est tôt ou tard funeste pour eux, je restai en face de la tempête, que j'avais prévue mais point déchaînée, et je m'efforçai de défendre l'ordre menacé, ce qui était un service rendu à la République elle-même, et le plus utile qu'on pût lui rendre dans les circonstances où elle était née.

» En 1852, après avoir défendu l'ordre de toutes mes facultés, je fus exilé, par une révolution opérée au nom de l'ordre. Rappelé après un court exil, je rentrai dans la retraite, résolu à passer dans le repos et l'étude le reste d'une vie trop agitée.

» Ce sont les électeurs de Paris qui, en 1863, firent violence à mes goûts. Je parus de nouveau dans les conseils de la nation, et là que pouvais-je faire?

» Pouvais-je démentir toute ma vie, et me soumettre au gouvernement personnel, alors que ce gouvernement, dépouillant même les apparences, était devenu une dictature avouée?

» Sans aucun esprit de parti (je puis l'affirmer devant le pays tout entier), sans ressentiment du passé, plaçant au contraire la question en dehors et au-dessus des partis, des dynasties, des formes même de gouvernement, j'ai cherché quelles étaient les libertés indispensables à toutes les nations, et les appelant *nécessaires,* je les ai réclamées, six ans durant, en face du Pouvoir qui nous les contestait, et au sein d'une Assemblée, à laquelle je ne voudrais pas manquer de respect aujourd'hui qu'elle a cessé d'exister, mais qui certainement ne facilitait point notre tâche à mes collègues de l'opposition et à moi.

» Quelqu'un pourrait-il aujourd'hui contester, devant la nation assemblée, une seule de ces libertés? qu'il le fasse, s'il l'ose. Qu'il vienne nous dire qu'il faut maintenir la loi de sûreté générale, laquelle porte une atteinte si grave à la liberté individuelle; qu'il vienne nous dire que la juri-

diction de la magistrature vaut mieux pour la
presse que la juridiction du jury ; qu'il vienne se
vanter, devant les électeurs, de la candidature officielle ; qu'il vienne soutenir que les ministres ne
doivent pas être responsables, et que, pour la
sûreté et la durée du trône, il vaut mieux faire
porter sur le prince que sur les ministres la responsabilité de l'expédition du Mexique, des événements d'Allemagne, et du déficit de nos finances. Si personne ne l'ose faire, qu'on ne nous
accuse pas de fomenter de nouvelles révolutions,
lorsque nous demandons, au contraire, le seul
moyen de les prévenir. Les vrais auteurs de la
chute des gouvernements ne sont pas ceux qui signalent les fautes, mais ceux qui les commet-
tent.

» Quant à ces esprits ardents qui ne trouvent
pas suffisantes les libertés que je réclame, qu'ils
viennent dans une assemblée élue par la nation
tout entière, y faire entendre leurs voix, et là,
placés non plus en face des chimères de leur ima-
gination, mais en face de la réalité, ils verront
s'ils pourraient servir cette grande cause du droit
national plus utilement que je ne l'ai fait pendant
ces six dernières années.

» Mes vues et mes actes, relativement à la politique extérieure, ont été inspirés par les mêmes

sentiments. Soucieux au dehors de la grandeur de mon pays, comme au dedans je l'étais de sa liberté, j'ai pensé que cette grandeur devait consister, non pas dans des entreprises téméraires, mais dans un sage et habile ménagement des forces de l'État.

» Par ce motif, j'ai résisté à l'expédition du Mexique. En 1864, lorsque cette question fut soumise au Corps législatif, je m'efforçai de démontrer que l'intérêt de cette expédition était nul pour la France, que le succès en était impossible, et que sa durée finirait par nous mettre en présence du gouvernement des États-Unis. Je fus écouté par une assemblée qui pensait comme moi, écouté, mais sans pouvoir obtenir d'elle le vote qui aurait prévenu les grands malheurs que nous avons eu à déplorer. Au prince que nous avions attiré dans cette fatale entreprise, il en a coûté la vie; à la France, un milliard (j'ai offert de le prouver), un nombre d'hommes inconnu, et l'apparition, dans les affaires européennes, de la République américaine qui jamais n'avait songé à s'y mêler.

» En Europe, il existait, entre le Rhin et la Vistule, une vaste confédération (la Confédération germanique), toute-puissante pour se défendre, impuissante pour attaquer, placée entre les grands États du continent comme un milieu bienfaisant de sagesse, de prudence, d'esprit pacifique, et à laquelle a été dû le demi-siècle de paix dont nous avons joui. Une seule puissance, la Prusse, avait intérêt à la détruire pour se soumettre toute l'Allemagne. Mais affronter à elle seule l'Autriche et les princes allemands de second ordre, eût été de sa part un acte de démence, si auparavant elle n'avait été assurée de l'inaction de la France. Or, la France n'avait qu'un mot à dire pour empêcher la guerre, et comme garante de la constitution germanique, elle avait le droit et le devoir de le dire. Un seul mot eût suffi alors, tandis qu'aujourd'hui une guerre sanglante ne réparerait pas le désastre de Sadowa. Eh bien ! dans un discours, qui, à cette époque, je l'ose dire, a retenti dans toute l'Europe, j'ai supplié la Chambre d'exiger que ce mot décisif fût prononcé. Elle m'a compris, approuvé, applaudi, et cependant elle n'a pas osé insister, et la Prusse, libre de se jeter sur l'Autriche, a établi une monarchie militaire formidable, devant laquelle il nous faut, pour conserver la paix, un état militaire aussi considérable que celui qui nous serait opposé !

» Enfin, le premier devoir d'un gouvernement est de ménager les finances de l'État, car ménager ses finances, c'est ménager sa puissance. Nécessaire en tout temps, l'économie était devenue un devoir impérieux après qu'on avait créé devant soi, au lieu d'une confédération pacifique, une puissance militaire, ambitieuse et conquérante. J'ai donc, presque tous les ans, supplié le pouvoir et la Chambre de renoncer à des dépenses excessives, et qui nous ont constitués en déficit permanent, car depuis quinze ans, nos budgets n'ont pu se solder, chaque année, qu'au moyen de 200 millions d'emprunts de toute forme et de toute nature.

» J'ai résisté surtout aux folles dépenses de Paris, faites sans mesure, sans y mettre le temps convenable, qui ont déjà coûté deux milliards, entraîné de flagrantes violations des lois, qui coûteront encore 500 millions, car je reconnais qu'il faut les finir, et qu'on ne peut laisser inachevées des rues qui, dans leur état présent, n'offrent que des défilés sans issue et des amas de ruines, et qui, terminées cependant, feront peser sur la population de Paris près de cent millions d'impôts par an pendant un demi-siècle.

» Tels ont été mes vues et mes actes et ceux de l'opposition dont j'ai fait partie pendant la dernière législature.

» Or, une opposition qui s'est bornée à dire au prince régnant :

» Laissez aux ministres seuls la responsabilité du gouvernement ;

» N'allez pas au Mexique ;

» Ne favorisez pas de votre silence les entreprises si dangereuses de la Prusse ;

» Ne cherchez pas dans la dépense un éclat factice, et cherchez au contraire dans l'économie la force véritable de l'État.

» Une opposition qui a tenu ce langage, non pas après l'événement, pour le vain plaisir de blâmer, mais avant, quand le mal était facile à prévenir, une telle opposition peut se présenter non-seulement au jugement du pays, mais à celui de l'histoire, qui est le pays de l'avenir. »

II

Les vingt-deux années qui se placent entre 1848, chute des d'Orléans, et le 4 septembre 1870, qui met fin au règne de Napoléon III, par le plus affreux désastre, en rapport avec la grandeur du crime du 2 décembre, montrent M. Thiers le lutteur le plus complet du siècle. Tous les problèmes de la politique du gouvernement, de l'ordre social soulevés ne laissent aucun repos à l'esprit de l'homme d'État.

Le socialisme comme l'Empire rivalisent à produire ces folles théories qui offrent à la foule une irrésistible amorce. M. Proudhon attaque la propriété : derrière lui guettent, semblables à des vautours, les disciples qui ont pour bible Babœuf, encore plus radicaux que leur chef d'école. Il s'agit pour eux tout simplement du bouleversement social. Mazzini appelle la grande *bataille européenne*, c'est-à-dire la spoliation des propriétaires et capitalistes, l'anthropophagie révolutionnaire et la misère générale.

On n'oubliera jamais avec quelle puissance de talent, partout, toujours, sans souci ni de la faveur, ni de la popularité, M. Thiers se fit le champion de l'ordre, de la propriété, de la famille, de tous les grands principes, sans lesquels la société roule sous le talon du despotisme ou dans le gouffre de l'anarchie.

Dans cette période si agitée de la présidence, les questions et les discussions se succèdent.

La destitution du général Changarnier révèle l'arrière-pensée de Louis-Napoléon. M. Baroche proteste des intentions désintéressées de M. le président de la République, qui veut la maintenir contre les adversaires de toute nature qui pour-

raient vouloir la modifier. Il a pris un engagement *d'honneur et le tiendra*, assure encore le
ministre, l'Assemblée peut être certaine que de
ce côté il n'y a *aucun danger à craindre* pour la
République établie par la constitution de 1848.

C'était l'hypocrisie qui masquait, mais prépa-
rait le crime.

M. Thiers, discernant où conduisait M. Baroche
après avoir tiré le vrai sens de la revue de Satory
et de la politique à double visage, provoquante
même de M. le président de la République, donne
à ses avertissements cette remarquable conclusion :

« Lorsque deux pouvoirs en présence ont entrepris l'un sur l'autre, si c'est celui qui a entrepris qui est obligé de reculer, il a un désagré-
ment, c'est vrai, c'est juste ; mais si c'est celui sur
lequel on a entrepris qui cède, alors sa faiblesse
est tellement évidente à tous les yeux qu'il est
perdu. Il n'y a que deux pouvoirs aujourd'hui
dans l'Etat : le pouvoir exécutif et le pouvoir
législatif. Si l'Assemblée cède aujourd'hui, il n'y
en a plus qu'un. Et quand il n'y en aura plus
qu'un, la forme du gouvernement est changée. Le
mot, la forme viendront... Quand ils viendront,
cela importe peu, mais ce que vous dites ne pas
vouloir, si l'Assemblée cède, vous l'aurez obtenu

4.

aujourd'hui même. Il n'y a plus qu'un pouvoir...
le mot viendra quand on voudra... *l'Empire est
fait.* »

Telles étaient les paroles prophétiques de
l'homme d'Etat ; elles retentirent en vain ; la
gauche était à ses imprévoyances, le gouvernement à ses conspirations, beaucoup de députés,
doués des meilleures intentions, mais peu éclairés,
livraient la France à l'inconnu.

Là se présente une réflexion : qu'il y a peu
d'hommes politiques ! Le charlatanisme, la dissi-
mulation, le mensonge, une fois de plus l'empor-
tèrent sur le génie, la vérité, le droit.

M. de Montalembert, l'*Univers,* tant d'autres
orateurs et écrivains, se laissèrent prendre au
piége.

Quand le bonapartisme eut monté son cheval
de Troie qui s'appelait la révision, M. Thiers,
auquel suivant l'expression vulgaire il est difficile
d'en revendre, n'hésita pas à repousser cette per-
fidie : MM. Dufaure et de Rémusat, qui plus tard
devaient être ses ministres, suivirent leur chef et
ami ; ils votèrent ensemble avec la gauche répu-
blicaine, contre la révision. C'était faire preuve
de loyauté, de clairvoyance, de bon sens.

Ils savaient à quoi s'en tenir sur l'homme au
masque du mensonge, quoiqu'il eût déclaré : « Je

ne suis pas un ambitieux qui rêve tantôt *l'Empire et la guerre,* tantôt l'application de théories subversives. »

Et cependant, il avait dit : « *Je mettrai mon honneur à laisser, au bout de quatre ans, à mon successeur, le pouvoir affermi, la liberté intacte, un progrès réel accompli.* »

III

Cette conspiration bonapartiste fait passer sur la scène toutes les variétés d'intrigants et de chevaliers d'industrie. Le nombre en était grand. Parmi les plus avides se distinguait M. de Morny, véritable écumeur de pots-de-vin, de primes illicites, finissant sa carrière aventureuse par l'affaire Jecker, cause de la funeste expédition du Mexique.

A la tête des politiques, abjurant la France pour les convenances de leur César, il est juste de placer M. Rouher (1). Il avait débuté en 1847

(1) Il avait commencé par être l'avocat exclusif des légitimistes qui fondaient sur lui de grandes espérances.

comme candidat de M. Guizot. En 1848, le 11 avril, il faisait profession d'ardent républicain au club d'Issoire. On sait qu'il a parjuré depuis sa religion démocratique pour favoriser tous les attentats de son nouveau maître, et couvrir de sa parole complaisante toutes les abominations du règne.

Quant au marquis de La Valette, auteur de la fameuse circulaire des *Nationalités,* il ne saurait compter que comme un comparse de signature.

Dans l'ordre militaire, les généraux consacrés par la gloire et la popularité, tels que Lamoricière, Bedeau, Cavaignac, Changarnier, s'étaient prononcés contre cette débauche du rétablissement d'un empire sans empereur ; mais des hommes de second ordre, rongés les uns par l'ambition, les autres par le besoin, offraient l'opprobre d'une désertion comme garantie au coup d'Etat. C'étaient Saint-Arnauld, Magnan, Espinasse et d'autres de triste mémoire.

Ainsi, la *graine* du prétorianisme ne manquait pas, suivant l'expression de M. Mayer, un des apologistes du coup d'Etat.

IV

On ne saurait quitter la période présidentielle
sans montrer le beau rôle de M. Thiers dans la
question des questeurs. Tout ce qui était de nature à dessiller les yeux, il le fit : « Approuvez-
vous, dit-il, que M. le ministre de la guerre parle
aux soldats de la discipline, et ne parle pas du
respect dû aux lois ? »

La montagne folle, non-seulement couvrit de
ses murmures la voix de l'orateur, mais elle donnait encore ses 150 voix au bonapartisme, égarée
par l'hallucination de M. Michel de Bourges, chef
de l'extrême gauche ; il plaçait l'Assemblée sous
la garde de cette *sentinelle invisible* qu'on appelle
le peuple et la livrait poings et mains liés au coup
de main d'un dictateur et de sa troupe rebelle
aux lois.

Celui qui retrace ces tristes souvenirs, au moment où les murmures et les vociférations de
l'aveugle démocratie forcèrent M. Thiers de des-

cendre de cette tribune qui allait être renversée et scellée, put dire à M. Noël Parfait : « Quel est le nouvel Holbein qui peindra cette danse des morts ? »

V

Peu de jours après, le coup d'État de 1851 vint saisir traîtreusement dans son lit celui qui avait vu, prédit, averti en vain. Il est traîné en prison, calme, après avoir laissé tomber un de ces mots méprisants que retient l'histoire.

Ainsi débutait par un odieux guet-apens aux lois et à la gloire, celui destiné à perdre la France.

On avait pris l'avorton pour le géant, Césarion pour César, l'ombre qui recélait la défaite pour un soleil de victoire ; les Jacques Bonhomme des campagnes ont le plus contribué à infliger cette disgrâce au pays.

Là s'offre un spectacle qui projette dans notre histoire tant de honte, de malheurs, qu'il semble qu'on est le jouet d'un cauchemar. On croit rêver

en effet, mais, hélas! on se réveille sous le gante-
let de fer du malheur. Néanmoins, un parti de
gamblers exonérant le coupable, prend à partie la
France qu'il tient pour responsable, elle, la
grande victime. *Proh pudor!*

Après le discours de M. Thiers au Corps-Légis-
latif, dont la France et l'Europe ont gardé le souvenir, souvenir inséparable de l'arrêt de l'histoire,
nous ne saurions l'affaiblir dans un écho imparfait. Cette voix éloquente pronostiquait la fin de
l'Empire.

CHAPITRE IV

Sedan. — Chute de l'Empire. — Sages avis de l'homme
d'État. — Les folies de la dictature Gambetta. — Le géné-
ral Trochu, son erreur et sa responsabilité politique. —
Le pèlerinage de M. Thiers et de sa famille en Europe. —
La force des événements. — L'acclamation de la France.
— La sanction de l'Assemblée nationale.

L'Empire, tombé sur le champ de bataille de
Sedan, a fait place à la République. Celle-ci suit
les mêmes errements ; au lieu de liquider le passif
que lui léguait la plus folle imprévoyance qui jamais ait halluciné une nation, les hommes du
4 septembre, loin de fermer le gouffre, le creusè-
rent plus profond. On a beaucoup reproché à
Jules Favre sa sentence : « Pas un pouce de notre
territoire, pas une pierre de nos citadelles ; » à
Gambetta « son pacte avec la victoire, ou la
mort ; » il est une autre responsabilité à moitié
entrevue, sur laquelle bientôt la lumière se fera

tout-à-fait. Il s'agit du général Trochu, qui doit se trouver mal à l'aise déjà entre la rude rectification du comte de Palikao et le démenti de l'Impératrice, sans qu'il ait répondu.

En attendant que l'enquête et la presse aient mis en plein jour son rôle militaire, il y a un fait acquis. Là il s'agit de l'homme politique.

Le général Trochu était chef du gouvernement de la Défense nationale. La direction militaire était dans ses attributions, et son avis était prépondérant relativement à la question de paix et de guerre.

Quand M. Thiers, à Versailles, mû par son patriotisme, aussi par la prescience qu'il avait de nouveaux et pires désastres, voulut mettre un terme à la guerre, il a été murmuré et accrédité en Europe que les deux opposants à la solution pacifique furent Trochu (ce qui reste encore dans l'équivoque) et Gambetta, fait acquis. Au moment où devant l'homme d'État, n'ayant pour titre que le crédit d'anciennes relations et sa haute renommée, s'ouvrait la chance d'aboutir, celui qu'un ballon venait de faire dictateur proclamait la guerre *sainte ;* du coup il allumait l'ire nationale et étouffait la négociation.

Le bon sens, l'humanité de M. Thiers se trouvèrent frustrés ; il quitta Versailles la douleur dans l'âme, laissant la France vouée à des sacrifices qui devaient avoir pour dénouement de nouveaux désastres et des conditions de paix plus dures.

Ce fut alors que l'intrépide homme d'État entreprit son pélerinage européen par un froid sibérien. Il fut suivi par Mme Thiers, femme dévouée qui a l'âme énergique de sa mère, par Mlle Dosne, l'ange des salons et de la charité; elles sont les deux compagnes, consolation et charme, que la Providence a ménagées aux soucis de la politique comme à l'adoucissement des infortunes; M. Paul de Rémusat, comme secrétaire intime, dévoué au maître, le suivit en disciple aussi intrépide que fidèle.

Les nouvellistes sceptiques et railleurs, tels que le *Gaulois* et le *Figaro,* substituent la fantasmagorie au vrai. Préférant ce qui peut amuser un public blasé à ce qui pourrait l'instruire, ils ont dénaturé le caractère de ce voyage. Ses résultats, inaperçus d'abord, se sont révélés plus tard, sinon dans un concours matériel impossible à obtenir, au moins dans les sympathies morales et leur revendication en faveur de la France. Elles ont été un auxiliaire pour la paix et ont atténué des exigences qui allaient au delà de celle qu'il a fallu subir.

Un jour, ce voyage de M. Thiers accompli dans des conjectures si terribles, épisode émouvant de cette période, fera partie de la légende qui côtoie l'austère histoire. Un Walter Scott futur mettra l'auréole au front de l'illustre pèlerin cherchant non une patrie, mais des voix faisant écho à la sienne pour arrêter le meurtre, l'incendie qui rapidement enveloppaient le sol entier.

I

Bientôt la fortune cruelle ne laissant à la politique de la guerre à outrance de Gambetta d'autre issue que la ruine totale et peut-être le sort d'une autre Pologne, le gouvernement de Paris est forcé de signer l'armistice. Un nouveau rôle est imposé à M. Thiers. La France l'acclame ; vingt-huit départements, les plus instruits, les plus populaires, par un plébiscite spontané le chargent de sauver la France par la paix.

Organes du pays tout entier, alors que tout est désolation, qu'il semble qu'on touche au cataclysme de la liquidation sociale, des millions de votes conféraient à l'élu national la dictature de la confiance publique.

L'Assemblée réunie à Bordeaux promulgue la décision du pays : M. Thiers est proclamé, par la loi suprême du salut public, chef du pouvoir exécutif.

Nous avons, dans l'*Histoire de la Guerre* 1870-1871, décrit cette nouvelle phase de la mission à laquelle il a été destiné par la Providence.

D'accord avec l'Assemblée, sous le cri de *haro* de la France épuisée par la lutte, il signe la paix.

Sa grande sollicitude, au sein de tant d'autres, est de délivrer le sol occupé. — Que n'a-t-il pas fait déjà à cet égard ? — Une chose étrange, c'est qu'à travers la fausse optique des esprits égarés ou insuffisants, il recueille les blâmes de l'ingratitude, là où les hymnes de la reconnaissance devraient former un chœur national. — Telle est la logique des partis.

Pendant dix-huit ans, on a prodigué l'adulation à l'auteur de la catastrophe de Sedan; on a eu des admirations incroyables pour ce Machiavel où l'incapacité se greffait sur la mauvaise foi.

Qu'on laisse donc à l'homme d'Etat, au travailleur infatigable, le temps de coordonner les éléments de salut qu'il a su découvrir et grouper à force de talent et de patriotisme.

A peine avait-il commencé cette glorieuse, mais difficile tâche, que l'insurrection de la Commune éclate. Il ne saurait entrer dans notre cadre d'en découvrir les causes et d'en raconter les péripéties. Nous l'avons fait dans un ouvrage spécial (1) : nous résumerons les cinquante-trois jours de ce règne infernal par cette vérité, que si le gouvernement, au lieu de M. Thiers, politique pratique, organisateur, versé dans les questions militaires et tout ce qui prépare la victoire, avait eu à sa tête un homme ordinaire, de routine et d'impuissance, la France était perdue.

Jamais remarque de lord Byron n'a trouvé un plus juste à propos : « Un homme de plus, ou de moins, et le cours du monde est changé. »

Grande vérité où le poète rend l'arrêt du destin et de l'histoire.

Bien des difficultés allaient se dresser à chaque instant devant le réparateur. Outre l'ardente compétition des partis, il y avait l'inexpérience, qui est l'inévitable et fatal lot de 750 représentants levés à la hâte, dans l'effarement du suffrage universel, dont la peur alors était la boussole. Obligé tour à

(1) La *Commune sanglante,* par le comte Alfred de la Guéronnière. Chez Sagnier, carrefour de l'Odéon, 7.

tour d'être conciliant et inflexible, éventant les
piéges, stimulant l'inertie, retenant l'ardeur in-
tempestive, fanal au milieu des écueils du gouvernement intérieur et de la politique extérieure;
bouclier par le génie et le prestige d'anciennes
relations, contre les exigences du vainqueur,
M. Thiers devait conduire le char de l'Etat, au
milieu des cris les plus discordants, et à lui seul
tenir lieu des alliances que l'Empire avait aliénées
et que la République de M. Gambetta était peu
propre à ramener.

Après avoir tracé à grands traits en quoi con-
siste cette tàche,-nous aborderons ultérieurement
là question de l'avenir.

II

C'est contre les piéges, les entraînements des
faux et impuissants sauveurs qu'il importe de
mettre en garde la nation française. C'est le progrès qu'elle veut dans l'ordre. La première con-

dition est donc, au sein de ces exclusions mutuelles, d'avoir un pacificateur entre les partis et
un nautonnier pour carguer les voiles et orienter
le vaisseau qui ne porte plus la fortune de César,
mais contient le sort de la France, si longtemps le
soleil de la civilisation.

Il s'agit pour M. Thiers, à un autre point de
vue non moins grave, de relever la nation française des vingt années de despotisme et de démoralisation qui en ont si malheureusement altéré le
caractère.

L'Europe a sondé la profondeur de l'abîme ;
elle est unanime à reconnaître que les honteux
déportements du pouvoir impérial, peu à peu
avaient gagné toutes les classes sociales. Si les
paysans plébiscitaires croupissaient dans l'ignorance, la bourgeoisie, bornant son ambition à se
galonner, à s'étoiler, se précipitait à l'assaut des
places.

C'est donc un devoir de seconder M. le président dans la solution de tant de problèmes, d'où
dépend la destinée de la France.

Alors sur le présent rasséréné, elle pourra
établir la constitution de son avenir.

De même qu'au Moyen Age, devant ce devoir du
salut commun, *c'est la trève de Dieu,* que les partis doivent s'imposer et observer fidèlement ; au-

trement, par l'inanité des résultats, ils nous ramè-
neraient le chaos (1) !

(1) M. Thiers, auquel l'ignorance et la mauvaise foi attri-
buent la responsabilité des maux qu'il travaille à guérir, n'a
qu'une magistrature entravée et temporaire. Vainement des
malheurs inouïs ont frappé la France, ils n'ont pas corrigé cette
espèce d'hommes, pharisiens de la vanité cupide qui préfèrent
leur intérêt particulier à celui de la patrie. C'est pourquoi au
lieu de seconder l'œuvre de la réparation, ils se consument à
décrier le gouvernement, à entraver sa marche, à provoquer
la sédition.

LE SALON DE M. THIERS

On ne peut concilier en aucun
temps la gloire et le repos.

TACITE.

L'HOTEL SAINT-GEORGES. — L'HOTEL DE LA PRÉSIDENCE

Les chroniqueurs, à commencer par le spirituel
vicomte de Launay, ce pseudonyme de la Corinne
du règne de Louis-Philippe, ont maintes fois ré-
percuté les échos qui partaient de ce temple du
goût, pour retentir dans l'univers.

L'hôtel de la place Saint-Georges était le ren-
dez-vous de tout ce que la France et l'Europe
comptaient de plus éminent. On eut dit le portique
d'Athènes au sein de la patrie de Voltaire.

C'est que M. Thiers a hérité de cet esprit si souple et si vaste. Seulement les vues, les triomphes
de l'homme d'État, assurent à celui-ci la préséance
sur l'ami de Frédéric, courtisan à Berlin, et à ses
heures philosophe de Ferney.

5.

M. Thiers, lui, n'a pas, contemplant les malheurs de sa patrie, applaudi aux attentats de la Prusse; il a voulu les déjouer.

Napoléon III, frappé de cécité physique et morale, pouvait, seul, commettre une méprise tellement incompréhensible, qu'elle semblera une trahison devant l'impartiale histoire. — Un duc célèbre a caractérisé ce fataliste couronné en ces mots :

« Louis-Napoléon est un fou qui a des moments lucides et alors il n'est qu'un sot. »

Jugement sévère rendu au temps où surgit la question allemande; mais confirmé depuis, par toutes les défaillances de la chute, les fautes accumulées de la politique et de la diplomatie. La conduite insensée des opérations de guerre ne rencontrait qu'un généralitisme impérial, qui portait à son chapeau la plume du commandement, mais n'en avait dans la tête, ni les notions, ni la plus médiocre capacité.

Sedan fit tomber tout cet échafaudage d'un génie que proclamaient les courtisans, les fonctionnaires, les solliciteurs à l'envi, en vertu du proverbe : « Tout flatteur vit aux dépens de celui qui l'écoute ! »

Est-ce que le jour où du haut du trône, l'Empereur reniait notre histoire, pour affirmer le principe des grandes agglomérations, il ne signifiait pas à la France, qui applaudit par ses députés, l'arrêt de sa déchéance séculaire?

Mais revenons aux salons de M. Thiers, tribune en permanence où tous les sujets se produisaient. Dans la vie privée, il était curieux de retrouver dans l'ancien ministre, un Œdipe pour expliquer les énigmes de l'avenir.

Là, en effet, chaque soir, sauf le jeudi, on était attiré dans l'orbite de ce magicien de la parole. Attractif par sa simplicité, infini par son universalité, il renouvelle la *fraîcheur de curiosité*. — Toujours la même et intarissable verve sans éclipse. — Les lettres, la politique, la diplomatie, les illustrations militaires groupées par l'attrait du talent et du caractère, déroulaient sur ce mont de Paris, si bien occupé, le panorama de l'histoire contemporaine. Elle y était représentée par les personnes qui ont contribué à la faire.

Privilége d'une supériorité que tous saluent, M. Thiers pour ce brillant parterre était plus qu'un homme. Toujours lumineux dans chaque question, il a pour ses auditoires d'élite, en vérité, comme pour la France qui *se souvient,* le signe d'élection.

Les triomphes répétés de l'historien, de l'homme politique, ses pronostics justifiés, ce don d'une pensée juste et féconde, ont fait dire à Sainte-Beuve : « Il découvre, il raconte avec la vivacité de la découverte, avec une netteté comme matinale. »

I

Il est un souvenir toujours radieux sous le cyprès qui en symbolise l'ineffaçable regret : déjà le lecteur a devancé notre pensée en nommant Mme Dosne ; cette femme énergique, au langage pittoresque, animé, empreint de l'aspiration vers le grand, se distinguait par un mâle courage : d'un trait elle désarçonnait l'indignité en la faisant rougir d'elle-même. C'était un fier caractère où tout respirait l'indépendance ; elle le mitigeait par l'aménité des réceptions dont elle avait le parfait et long usage.

Nature droite, par inclination ; fortifiée par la culture, par l'étude permanente de ce livre incomparable toujours ouvert devant elle, le monde des esprits, elle a pu s'élever à ces sommets où l'âme, planant au-dessus des vulgarités, s'agrandit et s'ennoblit.

Le sentiment de l'honnêteté, l'attraction du beau, tout parlait en elle. Le ton du grand monde dans sa parole limpide, s'alliait au culte de la vérité. La figure de Mme Dosne, vivante dans la mémoire de ceux qui l'ont connue, se détachera dans l'histoire (1). Elle fera partie de la légende de l'hôtel Saint-Georges. Le crime a pu en détruire la pierre sans effacer le charme qui est immortel comme la pensée et la gloire. — Il contenait un autre talisman, celui de la grâce, des vertus, sceau des trois femmes dont se composait cette famille. L'incendie et la rage impie ont profané son sanctuaire qui est consacré dans le souvenir.

II

Celle dont nous venons de tracer le profil imparfait, là où il aurait fallu le pinceau d'un Cou-

---

(1) Une anecdote que nous avons cru devoir retracer ailleurs, témoigne de la perspicacité de Mme Dosne. Indignée des folies de l'Empire, elle nous dit un jour : « Oh ! rappelez-vous cette crainte qui m'obsède ; *vous verrez les Prussiens à Paris* ; moi je n'y serai plus : l'invasion et le siège de Paris sont la conséquence funeste de ce gouvernement de carnaval et de fantasmagorie. »

sin, appartient à l'histoire. C'est ce qui permet de
la replacer dans la lumière qui la montrait entou-
rée de tant d'estime.

La discrétion interdit de lever le voile qui dérobe au public le caractère distingué de Mme Thiers
et de Mlle Félicie Dosne. Élevées à un rang qu'elles
n'ambitionnaient pas, les deux sœurs y portent la
vocation des bonnes œuvres dont elles ont toujours exercé le noble apostolat. Elles ont importé
dans les salons de la présidence, les accueils du savoir vivre et de la bienveillance qui distinguaient
le célèbre hôtel de la place Saint-Georges.

III

Quelle étonnante destinée que celle de cette
famille dont les trois personnes qui la composent
ne peuvent avoir qu'un mobile, celui de la vraie
gloire, d'un grand renom à laisser. — Aucune
vue personnelle n'y place l'impur alliage inhérent
à une usurpation dynastique. — Là ne sau-
raient se trouver ni les intrigues de l'ambition,

ni tout ce cortége d'abus qui tapissaient les par-
quets de la cour des Tuileries. — A l'encontre des violences, c'est à bras de génie, à
force de services, que le président de la République a conquis le sacre où le peuple est
le consécrateur volontaire. — Frappée de toutes les plaies du bonapartisme, menacée par le
socialisme qui, chaque jour, pousse le cri de
l'orfraie, oiseau de mort, la nation s'est réfugiée
spontanément sous le bouclier d'une haute et
indéniable supériorité. Celle-ci n'est pas une
vaine étiquette impériale, c'est une réalité nationale ; elle est attestée par mille faits et ce que le
monde, la diplomatie, la science, la politique,
l'armée ont de plus compétent. Aréopage national près duquel l'embauchage du chauvinisme sur
l'ignorance bornée ne peut avoir accès.

Au coup d'un malheur inattendu, la clairvoyance de l'opinion atrophiée se réveille : elle sait
choisir, à la clarté des foudres qui lui montrent
l'abîme.

IV

Un jour, un lord d'Angleterre, témoin d'un de
ces triomphes oratoires dont chacun semblait faire
le laurier plus vivace, nous disait :

« Ah! **M.** Thiers, quel homme possède la France! en Angleterre, *leader* d'un jour, il serait le ministre du lendemain pour une période que mesurerait la durée de sa force. »

Ceux qui ne font que lire cet admirable improvisateur n'ont que l'échantillon de lui-même. L'optique lointaine ne laisse pas discerner l'homme tel qu'il est. Tantôt elle colore les insuffisances, tantôt elle dérobe l'éclat de la supériorité. — Encore pour juger, il faut pouvoir prendre au vif de la nature, dans le commerce de chaque jour.

Il faudrait un grand peintre pour rendre les traits multiples de ce *merveilleux esprit,* épithète consacrée par les Assemblées, les écrivains, le public des tribunes, dominés par une si grande variété d'études et de connaissances dont l'horizon semble sans bornes. Voici un galbe tracé au vol par un crayon imparfait. Mais sans nul doute l'histoire y donnera le ton et les couleurs que l'immortalité réserve au génie qui lègue sa gloire à son pays. — Cette couronne-là a ceint vivant le front d'où ont jailli tant de vérités. — Qu'y a-t-il au-dessus dans ce monde? Que sont les grandeurs elles-mêmes auprès de ces acclamations, de ces hommages que le monde des esprits a toujours décernés à M. Thiers? Qui parmi les contemporains, hors le pouvoir a groupé, au même degré, les libres sympathies, les jouissances intellectuelles, les respectueux et flatteurs témoignages qui affluaient place Saint-Georges? Ce mont de Paris était comme un temple où le causeur, au sein de la séduction des souvenirs, souvent révélait le prophète. Les plus hautes fonctions sont sujettes au temps, ce n'est que pour le temps éphémère qu'elles élèvent et signalent aux yeux de la foule. Ce renom-là passe dans un cours rapide. — Mais qu'est-il devant le sceptre du génie, le souvenir des services de l'homme qui, s'inspirant du véritable patriotisme, montre à son pays les écueils en même temps que la route pour les éviter? Cette grande mission qu'a décernée un peuple, défie les artifices de l'esprit de parti; il essayera vainement de ternir ou d'égarer la reconnaissance nationale. Quels que soient les sortilèges tentés par le bonapartisme, l'opinion éclairée au fur et à mesure que l'instruction chassera les ténèbres sera ramenée dans la voie de la justice historique. (1) Accablant contraste!

(1) Une partie de ce chapitre emprunte à sa date, le 15 septembre 1868, un intérêt particulier. On peut s'en convaincre en se portant au premier chapitre de la *Politique nationale*, ouvrage que la presse européenne a qualifié : *Les pronostics et les événements*. (Éditeur LACROIX, Paris.)

LES SALONS DE VERSAILLES

Dans la Cour, telle qu'elle se composait sous l'Empire, le cérémonial tenait lieu de l'esprit, l'étiquette étouffant le naturel, tout devenait artificiel, vaine apparence. Il en est autrement dans les salons de la présidence : la valeur des idées, du caractère des services y sont les meilleurs titres ; il n'en peut être autrement sous un chef d'État qui s'est élevé par son unique mérite.

Les deux sœurs font les honneurs de ce palais du gouvernement où, comme aux jours de Washington, on est aux devoirs plutôt qu'aux frivolités des Cours. Il ne faut pas les chercher auprès de Mᵐᵉ Thiers et de Mˡˡᵉ Dosne. Mais en disant leur bienveillante gracieuseté, nous ne sommes que l'écho d'un hommage des innombrables hôtes de ces salons.

Aux grandes réceptions, M. Thiers se tient plus particulièrement à l'entrée ; il accueille avec une exquise politesse ; il a un secret particulier pour

mettre à l'aise en attendant que le grand *charmeur*, comme on l'a qualifié, place le groupe
qui ne tarde pas à se former sous une attractive
impression. Elle fait oublier l'heure, les résolu-
tions de départ; l'on est entraîné de la sorte jusqu'à la limite extrême, où la loi du repos commande le congé collectif. Ce moyen de retenir les
invités, n'était pas un don de l'Empereur.

L'étiquette raréfiait la parole et cristallisait l'esprit qui s'épanouit, à Versailles, sous une brise
vivifiante qui ne soufflait pas dans les galeries
des Tuileries.

*
* *

Aujourd'hui, là même où le roi de Prusse pour-
suivait l'humiliation de la France, M. Thiers travaille le jour et renouvelle le soir les séductions
de la place Saint-Georges (1).

(1) Voici quelques détails intéressants empruntés à la *Gazette
de Paris :*

M. Thiers invite à sa table les hommes de tous les partis,
sans paraître craindre qu'ils se mangent entre eux. On y voit
le général Douay, M. Jules Simon, M. de Larcy, des légitimistes,

Jamais l'ascendant de la parole et du bon sens en permanence n'ont compté de pareils succès.

Tel est M. Thiers pour quiconque l'approche. Chose rare, il y a une unanimité à cet égard. La France artistique, littéraire, officielle, l'Europe diplomatique, les princes, jusqu'aux généraux prussiens qui subissent l'attrait de l'esprit, abordent tour à tour ces salons.

C'est ainsi que le chef de l'Etat, charmeur le soir après avoir donné le jour aux affaires publiques, achève par la causerie, cette *fameuse entremetteuse des affaires,* au dire de Montaigne, l'œuvre de la raison et du patriotisme.

Pendant que le président de la République aborde et éclaire toutes les questions en y semant l'intérêt des plus intéressantes anecdotes, les femmes réunies auprès de Mme Thiers et de sa sœur, s'inspirent de la pure atmosphère où l'esprit emprunte un nouvel attrait de la décence,

des républicains, des bonapartistes, je ne parle pas des orléanistes, qui sont en quantité. Et il faut voir M. Thiers faire les honneurs de la République à tous ces adversaires; il est à l'aise, il ne frissonne pas; il sourit, au contraire, et paraît d'autant plus heureux que les partis politiques sont plus nuancés. C'est un bien habile homme. S'il réussit jamais à fonder la République dans cette France saignante et déchirée, il aura accompli un de ces tours de force et d'adresse qui étonnent à jamais les générations.

— ce caractère édifiant dans sa parfaite tenue
s'assortit bien aux nécessités du temps, — il
sert l'œuvre d'apaisement et de conciliation qui
est le devoir plus intime de tout ce qui est associé
aux sentiments et à la destinée de M. Thiers.

Ces devoirs, qui reviennent chaque jour, ren-
contrent une si parfaite bonne grâce qui n'a pas
d'éclipse. C'est, de la part de chacun, un même
esprit et un même cœur dans l'aménité des réceptions.

UN SOUVENIR PROPHÉTIQUE

Chateaubriand. — Guizot. — Berryer. — Lamartine. — Thiers.

Les natures d'élite s'attirent mutuellement. Le regard d'aigle de M. de Chateaubriand avait discerné l'immense carrière que la destinée réservait à M. Thiers. M. Guizot, sans parler de ses Mémoires pleins de détails précieux, a récemment proclamé que l'intérêt essentiel de la France était de prendre et de suivre M. Thiers comme guide. Bel hommage d'un ancien adversaire qui ne l'honore pas moins que celui auquel il est rendu.

Berryer, si séduisant dans le salon, après les
éblouissements qu'il avait produits à la tribune, se
rencontre un jour, dans un dîner, avec son plus
habile adversaire, le défenseur du gouvernement
de Juillet. Il firent assaut, tout en gardant les
nuances les plus exquises de l'urbanité. Les esprits
supérieurs, sous l'aimant qu'ils dégagent, fran-
chissent la barrière qui les sépare, sauf à reprendre le lendemain le combat que leur imposent
la voix de leur conscience et l'appel de leur
parti.

Berryer qui, au sens le plus juste, joignait le
don intuitif de l'avenir, au fur et à mesure que la
pensée élargissait l'horizon, semblait découvrir,
chez son antagoniste les affinités qui devaient les
unir plus tard. L'éloquent défenseur de la monarchie légitime avait reconnu dans celui taxé, bien
injustement, de révolutionnaire, un penchant pour
l'ordre, une adhérence aux principes sociaux,
comme s'il eût deviné que plus tard, souverain
électif il deviendrait le réparateur du plus grand
désastre que puisse subir une nation.

Lamartine qui faisait de la poésie la robe on-
doyante qui dissimulait les vulgarités de la politique où il voyait si loin, sentit l'attrait de l'intelligence de M. Thiers. Des contrastes semblaient
séparer ces deux grandes personnalités, qui, en

s'attirant, gardaient une mutuelle défiance. Alors même que Lamartine traitant en spécialiste les questions les plus ardues, restait dans son ciel éthéré, M. Thiers qui abordait, parfois, la poésie en cultivant les arts (1), s'attachait à la science expérimentale. La politique selon lui a le devoir d'amener des résultats pratiques.

En 1829, dans ces Pyrénées dont Mme Thiers et Mlle Dosne gardent le souvenir et retracent les beautés, le futur dresseur de budgets, l'économiste à l'armure bardée de chiffres, exprimait son enthousiasme, dans une langue digne de l'auteur des *Harmonies* et du *Voyage en Orient* :

« Je ne sais quelles idées douces, consolantes, mais infinies, immenses, s'emparent de l'âme à cet aspect et la remplissent d'amour pour cette nature et de confiance en ses œuvres. Et si, dans les intervalles de ces bruits qui se succèdent comme des ondes, un chant de berger résonne quelques instants, il semble que la pensée de l'homme s'élève avec ce chant pour raconter ses besoins, ses fatigues au ciel et lui en demander le soulagement. Oh! combien de choses ce berger, qui ne pense

(1) Aix possède un tableau, œuvre de sa jeunesse. L'amateur distingué des toiles des grands maîtres, a mis la main à l'œuvre, et il ne le fit pas sans succès.

6

peut-être pas plus que l'oiseau chantant à ses côtés, combien de choses il me fait sentir et penser!
Mais cette douce émotion passe comme un beau
rêve, comme un bel air de musique, comme un
bel effet de lumière, comme tout ce qui est bien,
comme tout ce qui nous touchant vivement, ne
doit, par cela même, durer qu'un instant. »

Plus tard, le touriste écartant la rêverie et pro-
bablement de l'avis de Mme de Staël qui préférait
le ruisseau de sa rue du Bac aux sources limpides,
mais solitaires de Coppet, se dépeignait dans ces
quelques lignes. Pour son âme active, le repos eût
été un enfer.

« L'univers, dit-il dans son article sur *Gouvion-
Saint-Cyr,* est une vaste action; l'homme est né
pour agir. Qu'il soit ou ne soit pas destiné au bonheur, il est certain du moins que jamais la vie ne
lui est plus supportable que lorsqu'il agit forte-
ment. Alors, il s'oublie, il est entraîné, et cesse de
se servir de son esprit pour douter, blasphémer,
se corrompre et mal faire..»

Jugeant l'historien, Lamartine ne peut trop
louer. Il admire *ce sens commun transcendant des
multitudes, compris et rendus avec le génie de la
clarté.*

Dans ce style pittoresque qui n'appartient qu'à
lui, Lamartine ajoute :

« On a dit de Buffon qu'il écrivait l'histoire na-
turelle avec des manchettes ; on dirait presque de
M. Thiers qu'il écrit l'histoire nationale avec une
plume arrachée au plumet d'un grenadier. »

Un exemple de la volonté opiniàtre, que l'obstacle ne déconcerte pas, va nous être fourni par
M. Thiers lui-même. C'est au sujet du second
discours qu'il venait de prononcer à la Chambre ;
il n'était pas content de lui-même, mais il gardait
la résolution de mieux faire, et par elle, il assurait
le succès :

« J'ai été battu, dit-il en souriant et en serrant
la main à ses amis ; mais c'est égal, je ne m'en
affecte pas. Je fais mes premières armes. Battu
aujourd'hui, battant demain, c'est le sort du
soldat et de l'orateur. A la tribune, comme au
feu, une défaite profite autant qu'une victoire : on
recommence. Dînons toujours et buvons frais ! »

* *

« Le dîner fut gai, amical, confiant, dit Lamartine. M. Thiers n'avait pas perdu un grain de sa
verve ; l'échec de l'orateur n'avait pas consterné
l'homme ; il se sentait de force à tomber cent fois
vaincu et à se relever vainqueur : *le caractère
dépassait en lui le talent.* »

*
* *

Lamartine raconte ainsi un autre dîner :
« Comme je sortais de l'appartement pour me retirer, je rencontrai dans l'antichambre où je prenais
mon manteau, une femme d'un certain âge et d'un
costume presque populaire, qui demandait et qui
attendait M. Thiers. Il accourut, se jeta dans ses
bras, lui fit mille caresses, et tenant ses mains
dans les siennes, l'amena avec empressement
vers moi, et me dit sans hésiter et sans rougir :
« Tenez, Lamartine, c'est ma mère! » Je la saluai
et je la félicitai d'avoir un pareil fils.

» Cette femme, quoique sans distinction dans
les traits et dont l'apparence extérieure annonçait
évidemment une condition inférieure avait une
physionomie de joie modeste, de tendresse éton-
née et d'esprit pétillant dans les yeux qui ne dé-
mentait pas les merveilleuses aptitudes de son fils.
Je les laissai les mains dans les mains l'un de
l'autre, s'entretenant avec émotion du plaisir de
se voir, sur la banquette de l'antichambre, sans
que M. Thiers cherchât à se dérober aux yeux de
ses convives, qui sortaient un à un de son salon.

Je descendis les escaliers tout attendri de cette
rencontre et de cette candeur d'une riche nature
qui ne cherche pas à dérober à ses amis, nés
plus haut que lui dans l'ordre social, la vue de
celle que la nature commande d'avouer, d'honorer
et de chérir dans tous les rangs, une mère, la
racine du cœur, du génie et de la fortune! »

* *

Le moyen de ne pas prolonger avec ces char-
mants et caractéristiques détails. On y voit
l'homme tel qu'il est.

Les Mémoires de Lamartine renferment une
appréciation du génie jugeant le génie. Les faits
l'ont consacrée par l'histoire.

« J'ai toujours aimé beaucoup M. Thiers, mal-
gré nos opinions souvent opposées, à cause sans
doute de nos antécédents très-divers, bien plus
qu'à cause de nos manières de juger et de prati-
quer la tribune ou la politique. *C'était le premier
des esprits justes, résolus, exécutifs;* le plus inté-
ressant et le plus persuasif des orateurs, qu'on ne
se lassait jamais d'entendre, parce qu'on le voyait
penser à travers sa peau; bon, du reste, parce
qu'il n'était gêné en rien par l'ampleur souple de
sa magnifique intelligence. »

6.

Qu'ajouter à ce tableau? Le biographe ne saurait mieux faire que de le placer dans son livre, pour compenser l'insuffisance de sa palette; au moins si elle n'éblouit pas, elle ne trompe pas (1).

(1) Un jugement de Lamartine qu'on vient de nous répéter doit revivre. C'était à la rentrée de M. Thiers dans la Chambre, après la révolution de 1848. Dans son premier discours, il dessine sa situation en stigmatisant les folles théories qui, en menaçant la société, devaient être le tombeau sanglant de la République. « Quelle puissance irrésistible ! » s'écrie l'auteur de tant de portraits et de pronostics justifiés !

RÉPUBLIQUE ET BONAPARTISME

> Le système sur lequel j'avais
> fondé l'Empire était l'ennemi-né
> des vieilles dynasties, je savais
> qu'entre elles et moi la guerre
> devait être mortelle.
>
> (*Mémoires inédits de Napoléon* Ier,
> *aux mains de l'auteur.*)

LA VRAIE MONARCHIE

Rien n'est plus difficile que de défendre une
république battue en brèche par un conspirateur,
qui offre au peuple facile à tromper une suren-
chère de libertés, et l'amorce de mesures socia-
listes. Tel est le programme d'un empirique qui,
à en juger par le passé, sait revêtir tous les mas-
ques. L'intrigue et l'audacieuse falsification des
faits diplomatiques et militaires ont marqué l'école
de l'Empire. M. Thiers peut constater la justesse de
cette remarque de Machiavel. « Il est difficile, il est
même impossible, que l'on maintienne la République improvisée, et même, pour la maintenir,
il faut la faire pencher vers la monarchie. »

Louis Napoléon, en faveur duquel on invoque

ce carnaval, ou plutôt cette courtille des plébiscites, a eu soin de lui donner pour préface *terroriste*
le coup d'Etat. Aussi, son pouvoir se trouvait par
là vicié dans son origine et ses conséquences.

C'est une grande audace pour ne rien dire de
plus, de répandre le bruit (1) que les gouvernements
de l'Europe inclinent à favoriser une perfide usurpation qui, dédaignant même de se couvrir d'un
voile, s'avance la tête levée, le front menaçant,
dressant contre les dynasties et la vraie liberté
constitutionnelle, cette machine infernale qui
s'appelle le plébiscite. Certes, aucuns souverains
ne se déshonoreraient au point d'appuyer expli-
citement et implicitement une famille *tenue* par
eux comme la robe de Nessus. La monarchie qui
aura toujours la préférence ne saurait qu'être celle
du droit héréditaire. — Non! — Pour leur honneur, pour leur intérêt, ni Guillaume, ni Alexan-
dre, déserteurs des lois divines et humaines,
jamais ne rendraient un sceptre sanglant à celui
dont ils ont vu la chute avec satisfaction : ils n'ont
pas oublié que leurs prédécesseurs avaient mis
au ban de l'Europe la race tout entière.

Cela étant, la France avertie, qui a été sur le
point de mourir par *les fruits empoisonnés du*

(1) C'est *l'Avenir libéral* qui a édité cette fable.

bonapartisme, pour emprunter le langage d'un publiciste célèbre, ne saurait renoncer au bénéfice des principes qui constituent le lien entre tous les siècles et toutes les générations!

Suicide par lequel une nation condamnée par elle-même, renierait sa gloire et sa liberté.

Espérons donc que ce peuple qui a le bonheur d'avoir pour chef le plus grand de ses hommes d'Etat, verra encore se lever radieux le soleil de la gloire.

Mais il faut rejeter les illusions, réprimer l'impatience, écarter les folles prétentions de la race des Tarquins, type de l'usurpation.

I

Deux principes sont en présence : la vraie monarchie constitutionnelle, faisant du droit la base granitique de la liberté, et la République. C'est au peuple à choisir. Nous voulons tenir comme impuissantes les intrigues, la propagande pour une dynastie d'aventure qui, sous prétexte de sauver

la France d'une anarchie qu'elle a attisée en dessous, a condamné notre pays, dont la carte fut
faite par l'épée de ses rois légitimes, à une longue
série de crises et de troubles. Le pouvoir impérial, s'il pouvait ressusciter, ferait plus qu'étouffer la liberté, il serait le tombeau de la nationalité.

La souveraineté du peuple enfermée dans un plébiscite aboutirait fatalement à la servitude la plus
oppressive.

Un pays soumis à cette dégradation trouve en
lui-même la fatalité d'une inévitable décadence.

Pour l'Europe un pareil gouvernement serait
toujours un suspect, pour ne pas dire un maudit.
Il a eu beau tenter M. de Bismarck et faire de perfides avances à Guillaume, ni l'un ni l'autre n'ont
été pris à l'hameçon. On recrute l'ignorance ou
les cupidités amorcées par le monopole des abus.
Mais au-delà, la garde de l'esprit public pousserait
en chœur, ce cri : « On ne passe pas ! » Un instant
même les cabinets, la Prusse en tête, non sans des
murmures entrecoupés, ont pu feindre d'étendre
le voile sur les principes qui sont la raison d'être
de la société chrétienne ; mais c'était une tolérance
passagère qui rappelle, dans des circonstances
critiques, l'usage où étaient les anciens de cacher
les statues des dieux.

Dans l'entr'acte formé par la Révolution et l'Empire, les Dieux de la France relégués furent le droit héréditaire constitutionnel et la liberté.

I

Si les Français, dans une Constituante *ad hoc,* dont l'élection est un devoir de loyauté, afin de ne rien laisser à l'équivoque, voulaient revenir à l'établissement monarchique, il y a une maison consacrée par les sentiments, les actes, l'honneur, qui a illustré mille ans la page de notre histoire. A elle le droit, la magie des souvenirs. Dresser les prétentions de la dynastie corse devant cette lignée de rois qui a prodigué la gloire et fondé l'unité nationale, c'est la profanation la plus audacieuse après les désastres accumulés par les deux Napoléon.

Cette souveraineté du peuple qu'ils invoquent, l'un et l'autre n'ont cessé de la trahir. Suivant les expressions d'un des plus grands hommes d'Etat modernes, l'oncle et le neveu ont porté la *ré-*

volte dans la révolte, l'usurpation dans l'usurpation, le crime dans le crime. Pour tous les deux, cette souveraineté du peuple ne fut que le passe-port des attentats du césarisme.

Et l'on ose venir nous dire que l'Europe conservatrice libérale, les dynasties qui font dériver leurs titres de la naissance, viendraient souscrire à une réintronisation scandaleuse, où elles ne pourraient que recueillir le mépris et charger la mine qui doit les faire sauter !

Aucun souverain n'est descendu si bas.

Quant à l'Angleterre, cette marchande qui, à force de fatiguer les principes divins et humains, finira par être la victime de son abominable machiavélisme; elle couve le châtiment qui suit les fautes, avec son M. Gladstone, qui a mis la bâtardise dans une politique que Pitt, Burke, Wellington repousseraient comme un fruit empoisonné.

Par une loi providentielle, l'expiation suit inévitablement la faute et l'erreur.

A l'heure qu'il est, l'Europe pourrait faire un garde-meuble des dynasties errantes, des princes tombés. De même que la majorité de la Chambre, élevée sur le pavois électoral du 8 février 1871, les uns et les autres se sont affaiblis et perdus, par suite de leurs vacillations, jalousies mutuelles, petitesse de vue. L'expérience des pères est presque toujours perdue pour les enfants. Il y a peu d'hommes d'Etat.

Un trop grand nombre insuffisants à leur mandat, sortis des campagnes pleins d'illusions, voulaient pousser M. Thiers tantôt dans le défilé de leurs défiances, tantôt dans la précipitation de mesures intempestives. Ils ne prenaient pas garde que, sans la force qui pouvait abattre la révolte, sans le coup d'œil, la fermeté, l'à-propos, c'était tout engager sur la roulette de hasards, où la France pouvait perdre son va-tout.

M. Thiers a résisté aux impatiences, il a organisé l'armée, il a même fait un plan digne d'un grand général; il a sauvé la civilisation, tout en affranchissant le sol du joug étranger.

III

En face de la solution monarchique, il y a la République sagement constitutionalisée. Aucune forme de gouvernement n'est abstractivement meilleure qu'une autre. C'est un compte à régler

avec les mœurs, les circonstances, les événements, l'état de l'opinion et des esprits.

La République par elle-même, adoptant les
principes fondamentaux de toute société, dirigée
par des hommes honnêtes, respectant les droits
légitimes, ne visant pas à un *sans dessus dessous*,
servirait et garantirait l'ordre dans la liberté. Si
quelqu'un a les qualités, les talents extraordinaires
propres à la fonder, c'est M. Thiers.

Le grand obstacle à l'œuvre de l'éminent homme
d'Etat, se trouve dans le bonapartisme qui épie
tout, les défaillances, les embarras, les malheurs.
Qu'eût dit Rome, après la chute des Tarquins,
l'Angleterre après le renvoi des Stuarts, si les
panégyristes fussent venus jeter leur défi au sentiment public? Cependant ils n'avaient pas fait
verser tant de larmes, semé le sol de tombeaux;
ils n'avaient pas la responsabilité du plus grand
désastre de l'histoire. Jamais le peuple n'aura
l'éclipse du souvenir et du sens commun, au point
de consacrer le sacrificateur qui l'a porté, non sur
le chemin de Damas, mais sur celui de la mort.

L'histoire sanglante de la dynastie impériale,
les contradictions, les convulsions, les malheurs
où elle a jeté la France, témoignent d'un des in-
terrègnes les plus funestes qu'aient eu à subir la
France, l'Europe, la civilisation.

Si la République confiée à la droiture, à
l'expérience de M. Thiers, ne peut reconstituer la
justice, la prospérité, la paix, ce sera parce que
le génie français, le bonapartisme et le socialisme
d'une part contrarieront ses bonnes intentions.

Sa tâche est gigantesque au sein de tant de
décombres et de la confusion des idées. Déjà il a
fait des prodiges quant à l'agencement des ressources financières, il a relevé le crédit perdu,
ranimé le commerce. Mais ce qui reste à accomplir
projette un horizon que le regard a peine à em-
brasser. La conscription se trouve en présence du
service obligatoire; des misères immenses vont
être apportées par l'hiver aux prisonniers, dont
beaucoup sont innocents; une organisation judi-
ciaire, administrative; un nouveau et plus juste
mode de la répartition des charges publiques;
Paris à affermir en ne laissant pas cette tête
énorme fermenter sous un abandon, et s'aigrir
par le désespoir : on voit que le pouvoir d'ordinaire si laborieux, pour le chef qui en sait et ac-
complit les obligations, est moins que jamais une
sinécure. C'est une fournaise ardente où l'incapacité et l'inexpérience amèneraient une destruction
nationale. *Finis Franciæ.* Il faut conclure.

IV

Si la République peut être établie en France, ce ne sera pas faute d'un Washington ; il ne manque plus, pour en tirer parti, que l'esprit et les mœurs d'un peuple républicain.

Toujours est-il que la situation de M. Thiers est un phénomène dans l'histoire. Jamais prise de pouvoir n'a rencontré des problèmes plus terribles et compliqués à résoudre ; ils forment un labyrinthe où sans nul doute le président de la République peut seul trouver l'issue. L'esprit d'indépendance s'alliant, dans cette nature privilégiée, aux vues nettes de l'homme d'État, il a la mission de sauver la France qu'ont 'portée à l'écueil l'ignorance, l'arbitraire, la bassesse, les folies.

Cependant, ce pouvoir, en restant libéral, dans le droit commun, strict observateur des lois, a pu soustraire la société au plus grand péril qu'elle ait jamais eu à dominer. Quel contraste avec l'arbitraire oppressif de l'Empire, avec les sanglantes saturnales de la Commune !

Aussi l'Europe ne peut-elle assez témoigner son admirative sympathie à l'éminent architecte de cette réparation si difficile.

Quant à ces improbateurs de profession, obstinés à prêter des torts imaginaires à celui qui rayonne de tant de services, que peuvent-ils surprendre si ce n'est l'abjecte ignorance? Les intérêts que couvrent l'entrée au pouvoir et la politique suivie par M. Thiers, sont ceux de la France. La démocratie existe de fait et de droit, si on veut qu'elle suive un cours fécond, il faut lui creuser un large lit pour que torrent elle ne ravage au lieu de féconder. L'égalité est le point de départ de 89 passé à l'état de dogme. Chacun a donc les mêmes droits et accès à tous les biens et emplois. Cette installation de M. Thiers est d'hier; déjà le crédit, les affaires agricoles ont suivi un mouvement ascendant qui est la force du gardien fidéicommissaire préposé à la garde de l'avenir national. Une constituante *ad hoc* peut seule prononcer, car la décision que l'Assemblée a rendue naguère restera une lettre morte. Un pouvoir pareil ne se prend pas à l'aide d'une équivoque, il ne peut être conféré qu'expressément par le pays averti et le déléguant en connaissance de cause.

C'est à la modération de M. Thiers, à sa grande autorité reconnue même par ses adversaires qu'on doit la trève des partis qui se fussent rués les uns sur les autres. Chacun sait que, différent du faussaire des serments qui a mis le parjure sur le

trône, le parvenu de l'honnêteté et du génie sera
l'observateur de sa parole, elle a pour garants son
passé et son honneur à transmettre intacts à la
postérité.

Ainsi donc, quelles que soient ses convictions
personnelles, ses anciennes affections, on peut
être assuré que dépositaire fidèle, non-seulement
il ne portera pas la main sur l'arche nationale à
lui confiée, mais qu'il la remettra parée de tout ce
que son patriotisme, son expérience, pouvaient lui
apporter d'améliorations, de rédemptions. L'émi-
nente, mais bien lourde place qu'il occupe, il ne
la tient pas même implicitement de l'hérédité;
devant ce loyal gardien, elle conserve tous ses
droits au concours qui doit s'ouvrir. Par réci-
procité, le principe républicain, autrement dit le
système électif reporté de la base des diverses
représentations au sommet, peut produire ses prétentions, ses souvenirs, étaler aux yeux du peuple
des espérances qu'il faudrait faire meilleures que
les souvenirs laissés par l'Empire. Aussi, cette tâche si complexe du chef de l'État, en veillant sur
le dépôt, en pourvoyant aux nécessités urgentes,
doit avoir pour visées principales de refaire des
mœurs, des âmes, de ressusciter le dévouement
du patriotisme, de réorganiser l'armée : les len-
teurs subies ne sont pas son fait, il presse assez

les commissions de moins dévaster le temps en
discours et d'agir.

De même pour Paris, il sait mieux que personne que vouloir décapitaliser cette tête de la
France, c'est couver un dangereux volcan ! Il en
résulte un autre inconvénient, celui de substituer
aux casernes ces bons abris contre l'hiver, les
baraquements où il y a tant de souffrances pour
le soldat. C'est cependant M. de Ravinel, un pur
de l'Empire, qui montre le plus d'obstination contre l'avis de M. Thiers de replacer le gouvernement dans Paris.

De même pour la décentralisation justifiée dans
un état normal, mais qui, par rapport aux circonstances, aux antagonismes, ne peut qu'être la désor-
ganisation. Cette pierre angulaire du système ad-
ministratif, brisée, si le cri rural contre Paris, tenu
pour suspect par ces anathématiseurs provinciaux,
pouvant prévaloir, comment faire mouvoir cette
grosse machine qu'on appelle le gouvernement ? A
l'heure qu'il est, tout serait en proie. Serait-ce les
campagnes isolées, indolentes, qui seraient capa-
bles de faire contrepoids à ce mouvement de l'Internationale qui prend les villes ? La question est
assez grosse de conséquences pour qu'on n'aille
pas à la légère. Les partis, conduits par leurs préventions ou des impressions irréfléchies, ne sa-

vent souvent que creuser leur tombeau : qu'on se
le rappelle, et l'on sera circonspect. Qui a plus
jonché que la droite le nécrologe de l'histoire de
ses illusions semées sur la route ? Mme de Staël en
a dressé l'acte mortuaire dans son bel ouvrage :
Considérations sur la révolution française.

V

Si le bonapartisme qui partout est en armes, sou-
doyant une presse chargée de faire retentir : *Ave
Cesar !* continue ses menées et son embauchage,
il ne restera bientôt forcément, comme abri, que
la monarchie constitutionnelle. Qu'est-ce autre
chose qu'une république couverte par l'hérédité
contre les compétitions funestes ?

Pour que la France, déchirée par ses mains, ne
devienne pas la proie de l'anarchie ou de nouvelles invasions, arrière les dictateurs de la rue,
les assassins de la Commune, les incendiaires de
l'Internationale, qui appellent la grande bataille
européenne ; arrière les césars du fétichisme, qui
demandent leurs instruments à l'ignorance des
paysans et aux convoitises surexcitées du prétorianisme en débauche !

Tacite va rendre notre pensée, c'est sur ce grand

style burinant les égarements de l'ambition, qu'il
convient de laisser le lecteur! Qu'en méditant
les réflexions du prince des historiens, il les ap-
plique à la France. Qui a mieux sondé et décrit
les illusions des masses que M. Thiers lui-même?

« Les luttes s'allumèrent entre le Sénat et le
peuple. C'étaient tantôt des tribuns factieux, tantôt des consuls oppresseurs, et, dans la ville et le
forum, des tentatives de guerre civile. Bientôt
Marius, le plus obscur des plébéiens, et Sylla,
le plus cruel des nobles, établirent la domination d'un seul sur les ruines de la domination
vaincue par leurs armes. Pompée vint ensuite
plus dissimulé et aussi pervers; et depuis on ne
combattit plus que pour conquérir la puissance
suprême (1). »

(1) M. J. Simon, le 25 octobre 1871, dans son beau discours, à
la séance publique des cinq académies, à laquelle assistait
M. le président de la République a flétri éloquemment le spectacle offert par l'Empire. C'est d'un moraliste et d'un historien.
Nous nous bornerons à ce paragraphe :

« Absoudre ou glorifier les mauvaises mœurs, faire une
royauté aux femmes perdues, remplir nos yeux de leur luxe,
nos oreilles du récit de leurs orgies, nos esprits de leurs dé-
mences, nos cœurs de leurs vaines passions;

» Aider dans leurs manœuvres les voleurs publics, les aider
tout au moins; leur prodiguer tout ce que le monde peut donner : le plaisir, la renommée, le pouvoir;

» Se rire de la morale, la nier : ne plus croire qu'au succès,
ne plus aimer que le plaisir, ne plus adorer que la force. »
Ce fut le règne de Napoléon III.

LES DEUX VOIES

En prenant la couronne, j'avais mis
les trônes à l'abri des peuples. En la
rendant aux Bourbons, on les mettait à l'abri des soldats heureux. C'était
donc la seule manière d'éteindre sans
retour le feu révolutionnaire. Je dirai
plus, le retour des Bourbons était un
bonheur pour la France. Il la sauvait
de l'anarchie et lui promettait le
repos, parce qu'il lui assurait la
paix. C'était donc la meilleure manière dont la France pût se tirer de
la plus grande défaite qu'une nation
guerrière eût jamais éprouvée. »

(*Mémoires inédits de Napoléon Ier.*)

Quelle foudroyante vérité dans cet aveu s'é-
chappant d'une telle bouche! Si le peuple le méprise, c'est qu'il se voue à l'abîme.

Le comble de l'audace. — Le charlatanisme et les dupes.
— Les avantages du savoir et de la prudence. — Napoléon III empereur et ses vains programmes. — M. Thiers,
guide éclairé et dépositaire fidèle. — L'épitaphe : *Sedan
ne peut pas régner sur la France.*

Au jour de l'Empire et depuis sa chute, nous
avons consacré 3,000 pages, à constater ce qui

est aujourd'hui proclamé par le monde intellectuel :

« Le bonapartisme fut le fléau de notre siècle. Le plébiscite, tel qu'il le pratiqua, était l'asservissement de la France qu'on lui faisait sanctionner. Cette machine infernale, monopole aux mains d'un usurpateur, était le plus grand péril qui, dressé contre les vieilles races, leur assurait le même sort qu'aux représentations populaires ; ce perfectionnement, dans le machiavélisme, faisait chanceler les trônes en étouffant les peuples. »

On a cru (et parmi ceux-là des esprits en réputation par le verbiage, mais sans aucun sens politique) que Guillaume et Bismarck inclinaient en faveur du sang de leur grand ennemi ; c'était bien peu les connaître, de même que l'esprit national auquel ils empruntaient leur force. Les deux principes s'excluaient l'un et l'autre. Nous le disions en 1866, parole perdue. Louis Napoléon et son gouvernement avaient communiqué leur vertige à la France. Outre cet antagonisme mortel, il y avait celui envenimé des souvenirs, des injures accumulées, dont le cœur du fils de la belle Louise de Prusse gardait l'*ineffaçable* ressentiment. Nous ne parlons pas au hasard : ceux qui disent le contraire ignorent tout ; en refoulant la pudeur, ils

feraient de la France comme de la vérité historique, une crucifiée.

Si un coup de main rétablissait les situations,
c'est-à-dire ramenait en France la race mau-
dite en face de l'empire d'Allemagne et des césars de cette race Hohenzollern, les mêmes causes
produiraient les mêmes effets. Ces antagonismes,
plus tranchés que jamais et plus irréconciliables,
appelleraient l'arrêt du glaive. Bien peu aperçoi-
vent le gouffre dans notre pays où l'on se paie de
mots, sauf à se réveiller dans l'abîme.

II

D'après ces publicistes de ténèbres, « la responsabilité doit se détourner de l'auteur des désastres, du chef qui a assumé, sur *lui seul,* le poids
de la guerre. » C'est en vain qu'il l'aura complo-
tée, imposée, exécutée. Qu'importe tant de victimes, leurs malédictions, les humiliations du
pays, aux séides de la fortune de ce Vitellius?

« Il est au-dessus de tout blâme, il ne saurait qu'être glorifié! »

Voilà ce que l'on ose soutenir dans cette France qu'on semble prendre pour une fameuse ingénue!

Est-ce de la folie? Serait-ce le crime d'une conspiration contre le gouvernement réparateur, qui commencée moralement par la plume, serait destinée à se dénouer dans les *pronunciamentos* d'une révolte et l'effusion du sang français? Quels flots cette fatale dynastie en a fait couler!

III

Qui donc a trompé le pays par cette fantasmagorie d'insulte à la France? — Le gouvernement.

Devant l'école de l'Empire, il n'y a ni principe national, ni droit royal antérieur. La vérité des faits n'a plus de sens. De même qu'il y avait un catéchisme impérial, dont le premier dogme était une obéissance servile au premier empereur, ainsi il y a l'histoire falsifiée, pour un but unique. Il s'agit d'élever le napoléonisme sur la ruine de tout ce qui est vérité, dignité, liberté. — C'est le *quos ego* d'un fataliste attardé, opposé à la religion des souvenirs, comme aux aspirations du progrès.

UN MONOMANE INCURABLE

> Mon trône ne brillait que
> de l'éclat des armes.
>
> NAPOLÉON Ier.

Louis-Napoléon a une de ces ambitions implacables qu'aucun désastre n'amende.

Le manifeste de M. Duvernois était le postillon précédant la parole de l'idole foudroyée. C'est au *Times* que nous devons cette révélation d'un cynisme à faire frémir la conscience humaine révoltée. Le conspirateur de Strasbourg, de Boulogne, du 2 décembre, prélude par protester de son mépris pour les complots. Que réserve-t-il à ceux qui les portent à leur but sanglant? Un trône pour lui, l'échafaud pour les autres; telle est la justice distributive des Bonaparte. L'ancien n'attendait pas même le fait; il lui suffisait de supposer qu'on pouvait l'accomplir, et un Condé, le dernier de ce nom chargé de gloire, tombait assassiné par les ordres d'un Bonaparte usurpateur anti-humain, dans le fossé de Vincennes, la nuit, une lanterne attachée à la poitrine de la victime : c'était la mire offerte aux balles du tyran :

> Toujours en passant la vague vengeresse,
> Lui jettait le nom de Condé.

Au dire de l'Homme de Sedan, titre décerné par celui qui écrit ces lignes et consacré par l'histoire, son droit d'empereur resterait debout. L'Assemblée nationale, organe du peuple et de ce qui le domine lui-même, de l'arrêt de Dieu par la défaite et la captivité, aurait prononcé une vaine déchéance. C'est un fantôme, l'empereur survit; lui qui violait son serment et déliait celui de la France officielle, retient pour lui-même et sa race l'engagement qu'il a imposé et extorqué. Voilà la théologie bonapartiste; — elle ne peut avoir pour commentateur qu'un casuiste du diable.

Continuant le cours de sa folle dissertation, il réclame le plébiscite, là est toute sa foi. Comme Tibère feignait de faux sentiments, le déchu, frappé d'indignité, témoigne qu'il est étranger aux malheurs de la France. — Qui donc les a amenés? A qui, si ce n'est à lui, imputer l'invasion, ses désastres, cent mille Français tombés sur les champs de bataille, où, « *grâce à l'impéritie du commandement, ils étaient conduits à l'abattoir* (1). »

Mais au lieu de la pudeur de cette terrible responsabilité, on affiche l'insensibilité la plus révoltante. Le comédien découronné, sans cœur, et partant sans remords, prend des poses du juste d'Horace. En le mimant à tort, il le dépasse par un flegme de bronze. Il ne s'agit en effet que du malheur d'autrui, de l'humiliation de la patrie. Le César insensible, prend part au sport anglais, débite ou fait fabriquer des conversations à effet, dont des indiscrétions calculées répercutent l'écho au monde.

M. Ratisbonne rappelait dernièrement la méditation admirable où Lamartine représente « la foi invincible du vrai croyant aux prises avec

(1) Ce sont les propres expressions du colonel prussien commandant de place de Sedan, rapportées dans l'*Homme de Sedan*, par le comte Alfred de la Guéronnière. Chez Dentu, Paris.

les ruines de l'univers, et devant les soleils dé-
truits, la terre fracassée, confessant tout seul, au
milieu des ténèbres et du chaos, le Dieu qu'il
attend. Tel fait Napoléon. Son étoile, celle
qu'il croyait avoir, s'est couchée dans la mer,
dans une mer de sang entraînant celle de la
France, mais la France pourrait périr tout entière et n'être plus qu'un amas de boue sanglante, il serait tranquille et se confierait dans le
prochain plébiscite qui lui rendrait le trône et
le titre d'empereur du dernier Français qui resterait. »

Napoléon III est tombé sous la foudre du Dieu
des batailles, sans parler des causes qui ont pré-
paré ce dénouement, qu'on trouve à la fois dans
la fatalité de son principe et dans sa présomp-
tueuse incapacité. Nous persistons à croire que
dans cette agonie qu'il a faite à la France, il aura
beau tenter désormais ; ses agents multiplieront
en vain les amorces et les intrigues, leur Titan ne
se relèvera pas de l'anathème qui l'a frappé.

La France comme Rachel pleure ses enfants ;
brisée par la douleur, elle attend de l'expérience
et du désintéressement de son premier magistrat
d'être replacée dans sa voie. Celui-ci ne la trompera ni ne l'égarera.

Oh! Dieu miséricordieux! vous ne permettrez pas que l'auteur de tant de maux, Louis-Napopoléon, vienne en reprendre le fil, défiant l'Europe par le mépris qu'il imprimerait au front de la France! (1)

(1) Une anecdote vient ajouter l'intérêt d'une sanction historique à la pensée qui vient d'être exprimée. C'est un jugement qui ne peut être suspect, car il émane d'un grand ministre d'un petit état qui a trouvé le moyen de rapetisser Napoléon chef d'un grand état. Mais le premier avait pris la mesure de l'insuffisance du second. C'est ce qui donne tant de poids à l'opinion du sagace et astucieux Italien.

Votre empereur, disait M. de Cavour, ne changera jamais : son tort est de vouloir conspirer toujours. Dieu sait cependant s'il en a besoin aujourd'hui! N'est-il pas maître absolu? Avec un pays puissant comme le vôtre, une grande armée, l'Europe tranquille, qu'a-t-il à craindre? Pourquoi toujours, à toute heure déguiser sa pensée, aller à droite quand il veut tourner à gauche et *vice versa*. Ah! quel merveilleux conspirateur il fait!

— Mais, me hasardai-je à répondre, vous devriez être plus indulgent sous ce rapport, monsieur le comte. N'avez-vous pas été jadis, vous aussi, un grand conspirateur?

— Moi, certainement, reprit M. de Cavour. J'ai conspiré; et pouvais-je agir autrement alors? Étions-nous les plus forts et les plus nombreux? Il fallait bien nous cacher de l'Autriche. Tandis que votre empereur, sachez-le, restera éternellement incorrigible; je le connais depuis longtemps, moi. A cette heure, il pourrait marcher droit, à découvert, suivant son but. Mais non! il préfère bien dérouter les gens, faire suivre une autre piste, conspirer enfin, conspirer toujours. Tenez, mon enfant, c'est le propre de son génie, c'est le métier qu'il préfère, il l'exerce en artiste.

DOUBLE SACRILÉGE

« Vous les reconnaîtrez à leurs fruits. »

L'empirisme impérial. — La sagesse de l'homme d'État.

Le nouveau *Moloch* est donc le système auquel on prétend qu'un peuple doit sacrifier son existence.

Royalistes, reniez vos vieilles traditions !

Républicains, renversez de leur piédestal les statues, symboles de cette liberté que vos pères ont arrosée de leur sang, brisez-en les colonnes d'airain et les marbres qui les couronnent, faites-en le macadam d'un césar qui a ce stigmate ineffaçable :

Sedan ! où il rendit l'épée de la France à Guillaume !...

Lorsque cette honte se projette pour l'histoire, à une hauteur que n'égale pas pour le globe terrestre la crête de ses plus hautes montagnes, soudain apparaît une école dont le cynisme scandalise l'Europe.

Qui a défiguré toute cette affaire Hohenzollern dont Louis-Napoléon fut le promoteur inconscient, par la haine contre les d'Orléans qui le fit

tomber dans le piége de **Prim**? Qui a dénaturé le
sens des communications diplomatiques? Qui a
altéré jusques aux paroles et au rôle du roi Guillaume? Qui pouvait égarer à ce point la politique
nationale si ce n'est la frénésie de la question dynastique! (1)

(1) Au moment où l'auteur révise ses épreuves, M. Benedetti publie son livre. C'est la confirmation de tout ce qui,
établi dans *l'Homme de Sedan,* est résumé ici. On sait aujour-
d'hui, par le témoignage du principal acteur, que la déclaration faite à la Chambre fut une indigne imposture.

« J'ajouterai, dit-il, qu'il n'y a eu à Ems ni insulteur ni in-
sulté, et le roi lui-même a été fort surpris quand il a eu connaissance des fables publiées par certains journaux, qui
croyaient cependant reproduire le récit de témoins oculaires. »

Que l'empereur, après avoir revendiqué constamment la responsabilité des actes de la souveraineté pour lui seul rejette
aujourd'hui le fardeau accablant d'un tel crime, et de pareils désastres, c'est une triste et honteuse comédie.

L'histoire est le tribunal suprême où tôt ou tard les énigmes de la politique trouvent leur OEdipe. Après cet aveu de
M. Benedetti, appuyé sur les preuves et documents offi-
ciels, il n'y a plus de doute. C'est la confirmation patente des
pronostics, portés, le 15 juillet 1870, à la tribune par M. Thiers.
Faute de l'avoir écouté, la France doit payer le legs de l'extravagance de son gouvernement. Il est démontré à l'univers par
le représentant de l'empereur, que celui-ci était très-édifié sur
le péril où il a couru tête baissée, sous un faux et stupide prétexte : *quos vult perdere...*—Ce coup de malheur a eu deux mobiles, la revanche à prendre contre M. de Bismarck par le
mystifié de Vichy, aussi la pensée commune à l'Impératrice,
ardente comme son climat, à savoir qu'un baptême de sang,

Il nous semble, comme à l'Europe, à commencer par notre très-*chère* alliée l'Angleterre, que les trompeurs, les entraîneurs sur cette voie fatale ont été : 1° M. Lebœuf, ministre de la guerre ; 2° M. le duc de Grammont, ministre des affaires étrangères ; 3° M. Rouher, le grand-vizir, éteignoir des lumières apportées par M. Drouyn de Lhuys.

Enfin, au-dessus de ce triumvirat réflecteur,

par une victoire trop facilement présumée, pouvait seule assurer la transmission du sceptre usurpé à son fils.

C'est lorsque cet abîme glace le souvenir et consterne la prévoyance qu'il y a des gens prêtant encore l'oreille au plus audacieux mais méprisant des langages! Ainsi la France est invitée, et elle ne bondirait pas d'indignation, à livrer de nouveau à l'auteur du maléfice, patrie, enfants, fortune, présent, avenir.

Non jamais plus dangereuse monomanie n'a offert à un peuple, sous l'étiquette de panacée de la vie, l'arsenic de la mort.

Toujours le césarisme, ce séquestre mis sur la liberté, a prétendu être la démocratie couronnée. A travers les siècles, le langage de Tibère se retrouve sans variantes sur les lèvres de Napoléon. Mais c'est tout simplement le suicide, car ce serait la nation s'immolant elle-même à l'illusion d'une vaine souveraineté.

Une belle réflexion de César Cantu donne la morale de l'esprit qui n'a cessé de nous conduire. Il n'y a de durable que ce qui est basé sur le libéralisme des principes, sur la dignité de la nature humaine : la tyrannie ne réussit qu'à décomposer. Si tant d'enseignements restaient vains, c'est que « le peuple aurait des yeux pour ne pas voir, des oreilles pour ne pas entendre. » *La Diplomatie dévoilée* en montrera de belles.

est celui dont ils proclamaient l'infaillibilité, Napoléon III, faux oracle dont ils étaient les trompettes (1).

Hélas ! au lieu de retentir pour la victoire, elles appelaient à la défaite et au royaume des morts !!!

Qui a disposé de l'argent, du budget, des allocations ordinaires et extraordinaires ? Cette dotation, au profit de l'Empire, n'avait pas d'égale en Europe. Ni la Russie, ni la Prusse n'ont jamais livré de tels trésors de guerre à leurs souverains.

Qui a été maître absolu des opérations de guerre, si ce n'est le généralissime qui s'était nommé et proclamé lui-même :

L'EMPEREUR ?

On le criait assez en annonçant les prodiges que le nom et l'homme allaient accomplir pour la gloire de nos armes. Le peuple croit facilement les assurances qui viennent de si haut. La presse, officielle et semi-officielle rivalisaient d'ardeur pour accréditer l'illusion. Les processions, avec le mot d'ordre : *à Berlin ! à Berlin !* se succédaient sans interruption, favorisées par la police impériale.

Si la victoire fût venue, quelles fanfares eussent

(1) Qui a laissé moins d'illusions au début de la guerre, que lord Grandville à la Chambre des lords ?

célébré le glorieux génie de *l'incomparable* empereur !

Hélas ! on n'a recueilli que défaites, voyez la belle logique !

Celui auquel on n'eût pas manqué de faire hommage du succès ne *doit* pas être responsable du revers. — Le bouc émissaire (ce serait à rire à la façon Triboulet, si ce n'était le *sunt lacrymæ rerum*), c'est la pauvre France sacrifiée par son souverain d'aventure. Quant à ceux contre lesquels le pharisaïsme impérial ose reporter la responsabilité terrible, combien, tel que l'agneau de la fable, peuvent dire :

> Comment l'aurai-je pu ?
> Je n'étais pas né.

III

Ah ! si les baladins peuvent exercer leur art, aux kermesses, aux ballades, aux foires, au moins se bornant aux charges inoffensives sur les Mayeux, les Robert-Macaire, les Guignol, ils ne s'attaquent ni à la société, ni à l'histoire, ni au gouvernement ; la police ne leur permettrait pas ces perfides altérations. S'agit-il de la garantie du billet de banque, celui qui veut y attenter voit se dresser devant lui cet avertissement : « La loi punit de mort le contrefacteur. »

De même, si la raison individuelle vient à faillir et menace le moindre intérêt, les Bedlam, les Charenton se dressent pour prévenir un malheur.

Qu'est-ce cependant que l'éventualité d'un tel petit dommage, comparé à ce qui menace un gouvernement? L'ordre social et moral, l'Europe, la liberté, le sort des peuples et le principe des dynasties, tout se trouve en question par la revendication bonapartiste. C'est ce qui explique comment les révolutionnaires, portés aux moyens médéens, sont prêts à donner au césarisme un concours d'entrée, dans l'espoir de passer à sa suite.

Est-ce que l'appel à l'ignorance des masses, aux cupidités prêtes à offrir leur opprobre comme garantie à l'arbitraire, est-ce que ce recrutement de suffrages abusés par le prêche de la vérité effrontément faussée, est-ce que ce nouveau carbonarisme de tous les déclassés, ambitieux, implacables, badauds, chauvins, pour ramener à un régime foudroyé par ses hontes, gros des malheurs d'une dissolution sociale; est-ce que tout cela combiné et mis en œuvre par la publicité, ne constitue pas le plus grand crime? L'Internationale est un serpent qui veut étouffer toute liberté, et contre lequel M. Thiers a eu le mérite de provoquer l'union solidaire de tous les gouvernements; le bonapartisme revenant à la rescousse est un crime irrémissible. Ressaisissant le sceptre tout est en proie : le chaos passe dans la politique.

Car ne savoir s'établir ni dans la République ni dans la Monarchie, serait rouvrir la porte au despotisme. L'Écriture nous apprend que lorsque le diable est sorti de quelqu'un d'entre nous, il revient avec sept autres démons plus méchants que lui et s'il rentre, le nouvel état du possédé est pire que le premier : parce que les rechutes sont mortelles!

C'est ce que l'Europe en 1814 et 1815, a si bien compris et défini. Plaçant la conclusion d'accord avec les prémices, par la voix de ses hommes d'État, par l'unanimité de ses congrès, elle mettait l'empereur Napoléon Ier au ban du monde. Il restait confiné au sein de l'Océan, à Sainte-Hélène, sous la garde de l'Angleterre, la reine de cette sombre plage. C'était le droit international, c'était le devoir des pasteurs des peuples. Sous M. Gladstone, successeur indigne

8

de ceux qui ont porté si haut la fortune britan-
nique, sous M. Gladstone qui fera de l'envie,
qui le ronge, la déchéance de l'Angleterre, il y a
des sympathies pour l'Empire, comme pour l'Internationale. Les deux se valent. Le temps réserve une expiation prévue à cette politique de
dégoûtant égoïsme, si le pays ne se réveille de
son assoupissement à la voix d'un nouveau Burke,
pour répudier l'homme qui semble avoir entrepris sa perte.

IV

Nous sommes aux antipodes du système des
rigueurs oppressives, des terrorismes, instrument de l'Empire. Fort de ce passé, nous dirons
à ses apologistes qui croient que leurs phrases
peuvent remplacer les faits :

Vous qui chaque jour, lancez vos foudres
contre les révolutions et leurs fauteurs, qui tantôt
gourmandiez M. Thiers parce qu'il voulait, rendant Paris à lui-même, faire de la ville, tète olym-
pienne de la France, le siége du gouvernement ;

tantôt, au contraire, suivant qu'il importe à vos
passions sans grandeur et sans justice, vous lui
reprochez de s'attacher trop aux expériences du
passé. Ah! c'est un vieil homme, dites vous! —
On sait au moins avec lui à quoi s'en tenir. Il ne
cache pas son noble but. Il énumère les difficultés
et les moyens, il fait le bilan honnête. Vous, ca-
méléons prenant toutes les formes, trompant peuples et rois, trahissant tous les principes, vous
n'avez su, à travers mille étapes d'illusions, qu'attacher la France aux plus douloureux Golgotha
de l'histoire humaine! Par ces manéges vous êtes
plus coupables que les révolutionnaires. Ceux-ci
ont une théorie vraie ou fausse : mais vous n'avez
qu'un mobile, l'intérêt personnel.

Ou vous ignorez ce qui se passe dans le monde,
ce que votre folie ferait renaître de périls et de désastres, ou l'âme, atrophiée par votre ambition,
reste insensible à tout le reste.

D'où la conséquence, que votre intérêt est le
minotaure insatiable auquel vous jetteriez cent
générations.

Rien ne vous touche, ne vous arrête sur la
pente, au bout de laquelle vous imaginez le jardin
des Hespérides. Cela fût-il, qui s'en approprierait
les pommes d'or? — Nous vous avons vus à l'œuvre,

Il n'y a pas à mettre en doute que vous auriez votre part belle. Quant à la pauvre France toute saignante des blessures que vous lui aurez faites, bientôt agonisante et achevée par vos mains sinistres ; le bel honneur pour elle d'être conduite au tombeau par les hauts officiers de l'aigle impérial de la mort ; mais le règne même éphémère de César, au milieu des solitudes, des ruines, aurait ramené les jouissances et les voluptés du favoritisme qui a déjà tant abusé : qu'importe le reste ; le matérialisme ne reconnaissant pas de devoirs, n'ambitionne que le fait.

Non, quoi que vous fassiez, cela ne sera pas ! La déclaration officielle, par l'*Observer*, se portant caution, de l'hôte de Chiselhurst, ne saurait inspirer la moindre confiance. Strasbourg, Boulogne, le 2 décembre donnent la mesure du personnage et de la foi que mérite sa parole.

Cette procession de fantômes, qu'il doit trouver dans ses nuits agitées, devrait faire évanouir le fol rêve de la reprise d'un sceptre, taché de tant de sang et de honte.

Mais l'ambition implacable qui ne voit qu'elle-même, plutôt que de dérober ses anciens stigmates dans une renonciation nécessaire et juste, rêve de ressaisir la *couronne* que Guillaume a fait tomber de cette folle tête.

V

Une ère nouvelle vient de s'ouvrir : à l'honnête et sage direction de M. Thiers doit correspondre l'exercice des droits du peuple. Il suffit, pour le préserver des embûches du bonapartisme, qu'il les connaisse.

Le nom de Bonaparte sera toujours inséparable de la guerre et de la tyrannie par l'infirmité de son origine ; il est condamné à trahir tour à tour l'ordre, la liberté, lui-même.

La liberté est l'étoile polaire qui doit montrer à la France la route que lui avait fait perdre le météore si brillant d'aspect, si lugubre de réalités, qu'on appela l'*Empire napoléonien*.

Mais pour le réaliser, ce progrès, et assurer une régénération d'où dépend l'existence nationale, il ne faut pas perdre de vue : « Que les innovations qui bouleversent les idées, les habitudes, les mœurs, les opinions, n'aboutissent à rien. Que les systèmes absolus et inexplicables se brisent, que même les plus belles théories, lorsquelles sont inapplicables dégoûtent des réformes possibles. »

C'est à ce point de vue qu'il faut envisager le rôle de M. Thiers.

Placé au gouvernail entre tant de mobiles et de partis opposés, qu'a-t-il pu être, si ce n'est le représentant neutre d'une politique provisoire? Par devoir, par honneur, par l'impuissance même qui l'enveloppe de tant de restrictions, il ne peut que maintenir un interrègne honnête, se borner à garder, suivant un dicton vulgaire, la place chaude, pour le gouvernement définitif qu'il conviendra au pays d'adopter ; c'est-à-dire, République ou Royauté.

Quant à ces questions fondamentales, constituantes, hors les attributions du cours gouvernemental usuel, M. Thiers n'est ni intitulé, ni autorisé à les résoudre seul. Ceux qui l'y convient seraient les premiers à crier : « à l'usurpation, » s'il cédait à leur appel.

Jamais l'adage n'a trouvé un plus juste à-propos : *Stat in medio virtus.*

Sans doute, nul n'apporte un si riche contingent de savoir pratique pour éclairer la représentation nationale : L'horizon est immense.

Le rétablissement de la balance financière, la

réorganisation de l'armée, la pacification de l'Al-
gérie, le libre-échange et les tarifs protecteurs, le
retour du gouvernement à Paris, les promotions
de Gambetta, le jugement des communistes qui
en protégeant la société doit respecter l'humanité
dans les victimes du soupçon ; les questions les
plus ardues du droit international et de la politique, la décentralisation, le système municipal,
la refonte administrative, la nouvelle loi électorale,
l'impôt qui n'est que l'économie politique trans-
portée dans les diverses régions du système
fiscal : ce n'est là qu'un sommaire.

Il y a l'horizon de la politique étrangère, de
l'affranchissement du sol, une foule de questions
annexes qui exigent une main à la fois habile et
ferme avec le tact, la mesure, l'esprit de conciliation, sans lesquels on ne résout les affaires.

VI

Cette tâche, c'est tout simplement un vieux
monde plein de ruines à déblayer, par suite un
autre à refaire. Est-il beaucoup de personnes,
même parmi les classes éclairées, qui se soient
rendu compte de tout ce que comprend cette mis-

sion? Beaucoup blâment, d'autres sont incomplets dans l'hommage à rendre, faute d'examen. Ceux qui n'ont pas la partialité du bonapartisme inconvertissable, que n'entendent-ils M. Thiers ! ils sortiraient convaincus qu'il est l'homme *irremplaçable*, pour la complexe tâche qui exige un encyclopédiste non-seulement de théorie, mais d'expérience.

Et enfin, une dernière et rare gloire rayonne sur ce pouvoir. Sauf les intronisations héréditaires qui enveloppent et absorbent la personne dans le principe, quel gouvernement électif, dans notre pays, eut jamais une origine aussi pure? C'est la double consécration de la volonté nationale et de la nécessité du salut de tous.

Dans cette terrible conjoncture, la *voix du peuple* s'est trouvée la *voix de Dieu*. Ce n'était pas le prétorianisme qui ouvrait la marche; mais l'armée soumise aux lois, après avoir sauvé l'ordre social, offrait le salut d'honneur et de fidélité à celui que le peuple avait choisi. Inspiration d'en haut, où une nation récupérait, par le respect de l'Europe pour le sage chef de l'Etat, ces braves soldats que les fautes de l'Empire avaient conduits à la captivité. Un homme substitué à un autre, le génie à la place de l'extravagance, Thiers le *réparateur*, au lieu de Napoléon l'*engloutisseur*, et l'armée que celui-ci avait livrée nous était rendue par l'intermédiaire du premier ; elle a acquitté la bienvenue du retour, en versant son sang pour la société dont elle reste la garde d'honneur, en attendant la gloire que rendra l'avenir.

Mais cette étoile brillante s'est éclipsée à jamais du front du dernier et pâle représentant de la race napoléonienne.

Que le cyprès qu'elle a substitué à nos lauriers dérobe sa honte et couvre son souvenir ! ! !(1).

(1) Le *Times,* dans un de ces articles qui fixent l'attention, confirme notre appréciation qui a devancé la sienne. Voici la conclusion de l'organe de la Cité :

« L'empire a croulé. Il devrait être la paix, au moins la victoire. Comment Napoléon a-t-il pensé à porter au compte du peuple français la dernière guerre? Si l'empire a cédé à la pression populaire, il a donné un démenti à son origine, puisqu'il n'avait d'autre raison d'être que la nécessité de diriger et de comprimer au besoin les passions politiques ! L'absoudre de la catastrophe, c'est une inconséquence qu'apercevrait le dernier paysan allant déposer son vote dans l'urne du plébiscite. Napoléon peut-il aujourd'hui effacer les traces des calamités des quinze derniers mois écoulés, reconstituer l'armée, en créer une nouvelle, comme autrefois Roland, rendre à la France son ancienne prospérité industrielle et commerciale, reprendre les provinces perdues, faire disparaître la dette d'indemnité qui pèse sur la France, marcher, enfin, précédé par la victoire ? Avant d'avoir accompli ce miracle, ce prodige, tout espoir basé sur le résultat d'un plébiscite n'est qu'une illusion, un rêve ! »

CONCLUSION

La liberté dépend bien plus de la manière dont les peuples et ses guides se conduisent que de la forme du gouvernement.

LORD BROUGHAM.

LES DERNIÈRES PERSPECTIVES

Espérances et agitations bonapartistes. — Deux abîmes. — Le pilote et le port.

Le pouvoir présidentiel, préface d'un autre définitif qu'une constituante devra choisir, se distingue par la pureté de son origine et l'honnèteté de ses actes.

Dans un siècle qui tend à faire dériver le droit de gouverner, du travail, de la capacité, du mérite des services, nous demanderons à la bande des improbateurs inconscients des graves et multiples difficultés du temps, de découvrir et de présenter au pays un ensemble comparable à l'écusson de M. Thiers. La diversité de ses aptitudes, l'a fait exceller dans chacun des postes où elles l'ont appelé.

Le catalogue de ses travaux, les places qu'il a remplies, les débats qu'il a illustrés, ses écrits sont un monument de la politique et de l'histoire.

Ainsi pour l'observateur qui s'élève au-dessus

de la partialité et de ses clameurs, ressort le contraste de la vraie gloire qui avance, pleine d'espoir, contre l'intrigue d'un usurpateur, que pré-
cède le mensonge et que suit le glaive.

Dans la voie où se trouve M. Thiers, il n'y a pas
une goutte de sang, une larme, un remords. Il a été
appelé et est venu à cette heure terrible où tout un
peuple à bout de voie, lui criait : « Sauvez-nous ! »
— Il l'a fait. Est-il une plus belle gloire?

Louis Napoléon se couchant en empereur de
contrebande, dans le lit des rois, sur la ruine de la
république qu'il a trahie déjà, ne pourrait que pré-
cipiter la catastrophe sous une couronne souillée.

Il serait réduit, par une réaction de vengeance
et de terreur, (le passé dit l'avenir) à prendre
pour levier le vice, au lieu de la moralité des vertus
et du dévouement. C'est par de telles étapes de
la dégradation qu'on arrive à la catastrophe sans
d'autre issue que de se rendre à discrétion : on
avait rêvé les rives du Rhin, on ne recueille que
le stigmate d'un Sedan.

Nom, date, épitaphe, qui ont imprimé au front
de la France le sceau fatal avec la devise qui, en
deux mots résume le règne que la folie veut rétablir : ruine, humiliation, voilà le double abîme
du bonapartisme et du gambettisme , dont
M. Thiers veut rédimer la France. C'est ainsi que

l'homme d'état consciencieux, le président de la
République, gardien fidèle des droits de tous,
n'aspire qu'à rester sans reproche devant l'histoire, et à recueillir sur son nom les bénédictions
du peuple.

Ce n'est pas une ambition vulgaire, celle-ci :

User les derniers jours de sa vie à relever son
pays, s'y vouer tout entier, y consacrer son expérience, son renom, son esprit, son cœur, y sacrifier son repos, sans trêve ni relâche, ne s'arrêter
devant aucun obstacle, braver l'injustice, les préventions, la calomnie, mettre la modération dans
la force, mesurer le point où il faut établir celle-ci
pour en faire l'instrument qui sauve et non qui
blesse, quelle tâche gigantesque ! Telle est cependant le *pain quotidien* de l'homme auquel la confiance d'une nation en détresse a imposé cette
difficile mission. Elle comprend le salut de tous
par le triomphe de la civilisation sur la barbarie.

« M. Thiers a une grande œuvre, disait le roi
des journaux anglais, le *Times,* quel autre que lui
pourrait l'accomplir aussi bien ? »

Dans cet effondrement des institutions, dans cet
effacement des réputations, l'homme d'État consacré par tant de titres survit à tous ces fauteurs
évanouis. Préservé par le talisman de son propre
génie, il a grandi depuis, à l'aide d'incontestables

services. Les dernières modifications en notre faveur, qu'il a obtenues par son ascendant personnel, par la confiance et l'estime dont il est depuis
longtemps crédité auprès de l'empereur d'Allemagne, continuent l'heureuse série des répara-
tions poursuivie par le président de la République. Outre les bonifications pécuniaires, par
une habile combinaison de trésorerie, la France
obtient une rectification qui élargit sa frontière.

Voilà ce qu'a fait une sage direction, succédant
à la folie d'un empereur sans savoir et d'une dictature étrangère aux questions extérieures. Si
Napoléon III a tout livré, la République du 4 septembre, sans boussole et astrolabe, orientait mal
le vaisseau national qu'elle a acculé à l'écueil.
Encore un peu de temps, et M. Thiers trouvera
le moyen d'affranchir tout à fait la dernière
partie du sol occupé, avant l'heure, et l'acquit
des sommes qui en faisaient une condition absolue.

C'est que si le crédit est richesse pour les parti-
culiers, il est la puissance et la meilleure sauve-
garde d'une nation.

I

Dans une pareille conjoncture, que serait un
empire discrédité par ses antécédents financiers,

les suspicions des cabinets, le mépris de son vainqueur? Qu'adviendrait-il de ce cortège empirique
de vautours avides qu'il ramènerait à sa suite?
A l'intérieur se développerait une crise affreuse,
ouverture de la guerre civile. Le prétexte serait
fourni aux partis contenus en ce moment: l'explosion éclaterait par les villes, et la jacquerie sorti-
rait dans les campagnes abusées, des rumeurs
les plus absurdes. En veut-on une preuve? Une
élection cantonnale avait lieu, le 8 octobre, en Poitou, cette terre des *fils des Croisés*, là où a échoué
M. le général Ladmirault, contre M. de Soubeyran
ce favori de l'Empire et de M. Fould. M. de Pully,
reconnu comme un bonapartiste ardent, se pré-
sentait, et il a été nommé.

Certes, il est trop bien élevé pour avoir favo-
risé la fermentation des paysans, mais il est des
symboles qui engendrent un esprit de fureur.
Telle est l'idée répandue dans certaines régions
que l'Empereur a été trahi par les généraux et les
officiers! Cette absurdité de l'ignorance mène à la
violence sur les personnes, témoin le massacre de
M. de Moneys en Périgord, et à l'incendie du châ-
teau. C'est ainsi que des fanatiques de leur Napoléon parlaient d'aller brûler la demeure du général qui a versé son sang pour sauver ceux qui lui
réservaient une reconnaissance de pétroleur.

II

Ah! si ces énergumènes du chauvinisme pouvaient ramener la France à la carrière de l'Empire, autant vaudrait la vouer aux divinités infernales.

La tyrannie implacable se trouverait sur le seuil, l'invasion en serait le dénouement. Ce sont les Napoléon qui ont appris à l'Europe, à la Prusse, à Wellington et à Moltke comment on vient à Paris, pour rançonner un noble peuple.

Ceux que l'on embauche pour ce retour bizarre du démoralisateur national, du vaincu de Sedan, sont des naïfs qui n'ont combattu les Prussiens qu'à coups d'hyperboles patriotiques.

Voilà pourquoi les simples, pris dans les filets des *braillards* de la veille ou des anciens fonctionnaires rejetés aux champs, feraient du plébiscite un picrate, dût la nationalité sauter. Ils seraient les dupes et la proie de l'intrigue de quelques faiseurs funestes, sacrifiant tout à leur exclusif intérêt.

Nonobstant les cris avinés de quelques escouades militaires portant le vivat à la race qui a fait tant de morts, on peut être sans inquiétude. C'est que M. Thiers, éclairé sur ses devoirs, ferme dans son patriotisme libéral, ne se laissera jamais prendre aux amorces plébiscitaires, aux piéges du communisme impérial. Depuis longtemps il les

avait éventés. Si on l'eût cru, cette page du second
Empire n'obscurcirait pas nos glorieuses annales.

La France vient de doubler miraculeusement
le cap des tempêtes ; elle ne se rejettera pas dans
le courant qui toujours l'a entraînée au récif. Ce
que Napoléon-le-Grand n'a pu éviter, ce que le
second a déjà si malencontreusement fait, se re-
nouvellerait avec une plus foudroyante intensité.
Elle se laissera diriger par son grand et honnête
pilote, c'est le moyen de toucher le port (1).

(1) Un diplomate étranger nous exprimait son étonnement
de l'insouciance qui, en France, se dérobe au devoir politique,
et rend ensuite le gouvernement responsable de ce qu'il a le
plus tenu à prévenir. La France abusée, noyée dans l'ignorance de la multitude, se borne à vivre au jour le jour. On
dirait, suivant la remarque de l'observateur précité, que les
politiques myopes, les élus d'un suffrage aveugle, ne songent
qu'à gagner le lendemain sans préoccupation d'un plus long
avenir.Ils rappellent ces commerçants, en situation embarrassée,
dont la seule idée est de retarder leur échéance. Tel est l'effet
de l'égarement de l'esprit public dans ces ricochets de la
Révolution qui nie tout, de l'Empire qui a tout pris, pour
laisser la nation gisante sous les serres de l'aigle tombé à
Sedan ! Nom à jamais fatal qui renferme la malédiction pour
celui qui le porte. Si sa conscience atrophiée par l'ambition le
rend insensible au remords, reste l'histoire : elle a prononcé.
Là il ne s'agit pas de prendre place au Capitole, mais aux
gémonies.

Si la Couronne pouvait s'égarer sur le front qu'ont sillonné
les foudres d'une pareille défaite, le chœur formé par la conscience humaine, laisserait tomber ce funeste refrain : Il n'y

RÉSUMÉ DU BILAN DE L'EMPIRE

En finissant, on ne saurait passer sous silence le passif, legs du régime qui a commencé par la prodigalité et l'orgueil et a fini dans la défaite et l'humiliation.

Louis-Napoléon trouvait à son avènement une dette dont l'intérêt annuel était de 214 millions 25 mille francs ; à sa chute, il laissait 352 millions 500 mille fr. d'intérêts à servir, chaque année, aux porteurs de ces titres. Qu'on se rappelle ce chiffre pour le comparer à ceux qui vont suivre.

Il faut y ajouter : 1° Les frais de cette folle et malheureuse guerre, coup de tête dont la respon-

---

a plus de France. Soulouque n'apparaîtrait un instant que comme le messager d'un nouvel Alaric. Il ne faut pas l'oublier, il y a une expiation terrible pour la nation qui, infidèle à son devoir et à sa dignité, profane sa propre histoire.

Dieu grand, vous détournerez de la France deux fléaux : l'empire napoléonien, le radicalisme !!

Cette prière, qui s'élève de toutes les âmes honnêtes et éclairées, vous l'exaucerez ! Il faut que la France redevienne le flambeau de la civilisation qu'avait éteint le souffle du bonapartisme.

sabilité reste exclusivement à Louis-Napoléon ;
2° la rançon des 5 milliards ; 3° les indemnités de
diverses natures ; 4° les dépenses pour les répa-
rations, le rétablissement des ponts, gares brû-
lées, rails enlevés, une longue liste de dévasta-
tions ; 5° le remplacement du matériel de guerre
détruit ou pris par la Prusse ; nous passons sur
d'autres détails.

Toujours est-il que suivant le calcul de M. Michel Chevalier, ancien sénateur de l'Empire, un
Bezout non suspect, Barême faisant le compte,
on arrive au chiffre d'un

MILLIARD

d'intérêt annuel. — Voilà le bienfait de l'Empire,
surcharge de tant d'autres *ejusdem farinœ.* Les figures mathématiques ne trompent pas. D'après
elles, quiconque les examinera peut juger de l'en-
torse infligée à la vérité par des panégyristes sans
pudeur.

Jamais un peuple n'a eu à soutenir un pareil
fardeau. Pour que le travailleur ne soit pas écrasé
sous le poids des impôts de toute nature, qui seront pour 1872 de tristes étrennes, *legs de l'Empire*, il faut la paix au dehors, la tranquillité au
dedans. La condition indispensable, c'est de secon-

der franchement la politique honnête de M. Thiers.

—Le bonapartisme, ce choléra de la France, la tuerait, s'il parvenait à la ressaisir dans l'énervement où il l'a mise.

Quel enseignement pour le père de famille qui, par mille privations, s'était acquis un pécule ! Quel regret pour ces millions d'imprévoyants qui ont voté les plébiscites d'où devaient sortir leur ruine et la mort de leurs enfants ! Quand on songe que tout cela n'a abouti qu'à faire une réalité de la bouffonnerie du dicton : *travailler pour le roi de Prusse.*

Comment la France a-t-elle pu s'imaginer que le conspirateur qui l'avait surprise, pourrait abuser l'Europe défiante? Vainement, il s'est cru en sûreté par l'intérêt fiscal que l'Angleterre trouvait à son maintien.

Chaque paysan doit dire après La Fontaine :

« Jura, un peu tard, qu'on ne l'y prendrait plus. »

Que les naïfs Chauvins des campagnes ouvrent les yeux, pour voir le mal, et ferment les oreilles aux discours des charlatans qui les ont déjà trompés : tels que les croque-morts qui lèvent insouciants la taxe sur la désolation des familles, ainsi ceux qui voudraient rétablir l'Empire n'y voient qu'un dernier droit funéraire à prélever à leur profit. Honteuse fin, alors surtout que la victime n'aurait pour son enterrement qu'un convoi de dernière classe : le trône impérial serait le catafalque national..... (1).

La grande Catherine avait surnommé Frédéric « le cocher de l'Europe. » L'histoire éclairée par les papiers secrets des Tuileries, peut désormais caractériser la nature et le but de ces mystères d'iniquité couvant leur propre abîme. Ainsi se montre, à visage découvert, le machiavélisme sombre de la politique impériale, aux mines secrètes, aux embuscades masquées, aux siéges souterrains.

Ces révélations qui semblent l'expiation que ménage aux coupables le temps, ce ministre de la justice divine, attachent à l'homme de Sedan, une

---

(1) Le *Temps*, ce journal consciencieux et impartial qui a maintenu ce double caractère au sein de la démoralisation, comme des sortiléges de l'empire, qui attiraient le canonique M. L. Veuillot, lui-même, a eu bien raison de s'écrier : « L'empereur Napoléon III a pris toutes les responsabilités, il a trahi toutes les confiances et ses serments, et quand il élève la voix, c'est pour accuser les personnes et la nation qu'il a ruinées et sacrifiées. »

autre enseigne, celle de *perturbateur de l'Europe*.
On annonce de nouveaux accablants témoignages
à l'appui de celui de Bismarck au début de la
guerre. Si le chancelier vient déposer lui-même
contre celui que l'on a dit avoir ses sympathies
secrètes, la mystification serait complète ; elle rap-
pellerait celle infligée à M. Rouher qui, après
avoir glorifié les *trois* tronçons, voyait sortir de
l'ironie du chancelier de la nouvelle Confédération, l'annonce des traités secrets qui livraient
l'Allemagne du Sud au dominateur du Nord.
C'était l'éclair qui précédait la foudre de Sedan.
Et ces hommes si aveugles, si coupables, chargés
du poids de tant d'iniquités, ne se frappent pas la
poitrine, ne demandent point pardon à Dieu et
à la société, ils ont le cœur léger sous le poids
de leur iniquité, des désastres ; ils rêvent du
pouvoir perdu, encensent l'idole qui est séparée
désormais de la France par une barrière plus
infranchissable que l'Océan glacial : car c'est celui
qui a été formé par le sang de tant de Français,
par une défaite et des humiliations qui font pâlir
cette terrible journée de Waterloo, dont nous
parcourions de nouveau, au mois de juin dernier,
les étapes douloureuses surmontées par le lion.
Le regard menaçant tourné vers la France, il
symbolise la fureur des nations et de la proscrip-

tion qu'elles ont placées sur ce nom trois fois
toujours fatal : Bonaparte.

Docete gentes et nunc erudimini (1).

(1) Au moment où l'infatigable chef de l'Etat consacre ses
jours et ses nuits à opérer l'entière délivrance du sol, par
l'acquit des dix milliards, quotient de la guerre de l'empereur.
la folle ambition bonapartiste voudrait lancer un rocher qui
assommerait la France.

Trois milliards et demi restent à payer à la Prusse. Si une
tourmente politique survenait, M. de Bismarck, dont on sait
les procédés aussi durs qu'expéditifs, non-seulement ne lâche-
rait pas le gage détenu, mais il ne manquerait pas d'en exiger
de nouveaux. Ce serait l'étouffement de la nation, le bonapartisme triomphant serait étrangleur.

Un calculateur a trouvé que notre rançon payée en pièces
de cinq francs pouvait former un ruban assez long pour en-
tourer l'Europe, l'Asie, l'Afrique et presque l'Amérique, c'est-
à-dire, six mille lieues environ.

Il a trouvé qu'un homme habile à manier l'argent et capable
de vérifier en trois minutes le contenu d'un sac de mille francs,
en travaillant dix heures par jour, mettrait soixante-quinze
ans à compter nos cinq milliards.

Il a trouvé qu'il faudrait pour les contenir, cinq millions
de sacs de toile (à mille francs par sac), et douze cent cinquante
mille mètres de ficelle pour fermer les sacs; et que pour les
transporter, dix mille voitures attelées de trois chevaux seraient
nécessaires. Elles formeraient un convoi qui, sur une route,
occuperait une étendue de deux cent cinquante kilomètres.

Le calcul porte sur cinq milliards, il double sur dix.

POST-FACE

L'empire a produit deux grands ministres :
M. de Cavour et M. de Bismarck.

(*Causerie intime de M. Thiers,*
hôtel Saint-Georges.)

Un témoin providentiel. — Mensonge et démenti. — L'aigrette impériale et ses maléfices. — La sagesse de l'homme d'État.

Ce que nous avons pressenti n'est plus un doute (1). L'oracle de Berlin a parlé non dans le sens énigmatique de Delphes, mais dans la raideur qui, comme on le dit, ne prend pas de *gants blancs*. Les papiers de Circey, demeure de M. Rouher, recueillis par les Prussiens, ont ajouté une révélation à tant d'autres. Quelle ironie ! on niait : Un témoin providentiel soudain vient dévoiler l'hypocrisie.

Ainsi, on a la mesure de la foi à placer sur les démentis, comme dans les protestations des gens de l'Empire.

Le souverain plébiscitaire *irresponsable* qui in-

(1) Se reporter au passage sur la politique de M. de Bismarck et de l'Allemagne.

voque le retour de ce dérisoire mode des époques
de décadence, prétendant *ne relever que de Dieu
et de la postérité (verba et voces prœterea que nihil)*
ne croyait son trône transmissible à son fils, que
cimenté par des annexions, rapt qui dérobait
une nation. C'est sur une conception analogue,
au sujet de la rive gauche du Rhin, qu'un joueur
effréné, pour sauver son pouvoir, a engagé le sort
national.

La couronne qu'osent rêver encore Louis-Napoléon et sa troupe, serait surmontée d'une étrange
aigrette. Les souvenirs d'Austerlitz, d'Iéna, des
victoires, ivresse du soldat, le ramenaient en-
thousiaste au rebelle qui débarquait au golfe
Juan. O contraste ! Le parjure sanglant du 2 décembre, verrait toujours se dresser devant lui les
hontes de vingt ans d'orgies, de défaites sans
exemple, et le mépris du monde. Non ! Cette
main vacillante, qui a rendu son épée à Guillaume, ne saurait tenir un sceptre, car elle a terni
notre histoire de ce lugubre feuillet qui a marqué
d'un fer rouge le règne qu'il retrace. Eh bien ! la
malédiction qui s'en échappe, pour retentir jusques à la postérité la plus reculée, n'éveille ni un
regret, ni un remords dans l'âme de l'auteur de
ces désastres.

La gloire de M. Thiers, ce n'est pas seulement

comme Varron de ne pas avoir désespéré de la patrie mais plus heureux que le consul romain, inspiré par un génie propice, le président de la République a rapidement relevé la France de la ruine où l'Empire l'avait plongée.

En face du vaincu de Sedan n'ayant pas le droit, comme celui héroïque de Pavie, de s'é-crier : « *Tout est perdu fors l'honneur,* » se montre le *libérateur*. A lui la légitimité des services par un labeur incessant ; à l'autre, Napoléon, non le *grand*, mais le chimérique, le stigmate de l'u-surpation et de tous les maux, son inévitable cor-tége (1).

(1) Dans une série d'ouvrages dont le premier fut l'*Homme de Sedan*, le dernier l'*Histoire de la Guerre* 1870-1871, l'auteur de celui-ci a démontré à qui devait être imputée la responsabilité de la guerre, qu'on ose aujourd'hui rejeter sur l'opposition. Qui prétend-on tromper, si ce n'est les sots qui, il est vrai, au dire du spirituel chevalier de Boufflers, « depuis Adam sont en majorité. » Jamais, si on eût écouté M. Thiers, la France n'eût parcouru les stations de ce sanglant Calvaire.

Voici ce que nous constations dans une brochure publiée au mois de septembre 1870, à Bruxelles, sous l'impression de no-tre visite au champ de bataille de Sedan:

« La guerre a été le fait exclusif du parti bonapartiste ; — il ne faut pas laisser au subterfuge, à la mauvaise foi, un accès pour reporter le blâme sur qui les a avertis. La paix (on ne saurait trop établir les faits donnant pour chacun la me-sure de sa responsabilité), M. Thiers en avait tracé le pro-gramme : — il était accepté par le roi de Prusse, — l'opposi-

tion s'était ralliée à l'esprit, à la pensée du célèbre homme
d'Etat. — Le *Times*, ce journal d'une grande autorité, a, dans
des articles de la plus haute portée, mis en relief tous les torts
de l'Empereur. On ne trompera ni les cabinets, ni M. de Bismarck, ni les classes éclairées, qu'on désigne sous la dénomina-
tion *de la galerie du premier européen.*

» L'incrédulité que nous opposons à l'assertion, ou plutôt
à de certains organes de la Prusse qui seraient l'écho de la
propension de M. de Bismarck pour une restauration impériale,
n'est au fond qu'un hommage à des adversaires qu'on peut
combattre (et nous l'avons fait toujours), mais il faut en reconnaître l'habileté. C'est le devoir de l'homme politique de
repousser les illusions et de s'élever au-dessus de la partialité.

» Le motif prêté à M. de Bismarck a une profondeur de dégradation, où sa fierté ne peut pas plus tomber que sa prévoyance. Ce n'est donc pas lui qui redressera le césarisme
napoléonien, ce symbole brûlant de la guerre et de la per-
fidie.

» En général, le public est trop enclin à attribuer aux chefs
d'empire, aux grands ministres, un machiavélisme qui écarte
la moralité d'un vaste but à poursuivre. Le génie créateur,
même conquérant, a pour meilleur auxiliaire la conscience humaine à mettre de son parti. Après l'œuvre de destruction accomplie en terrifiant la chair, vient l'œuvre de la reconstitution.
Pour que le succès même obtenu ne soit pas passager comme
un rêve, il faut gagner l'esprit. On n'y réussit que par l'honnêteté.

» Ainsi, il y a des positions où, grandi par elles, par les actes, par le dessein que l'on se propose, sous le regard braqué
du monde que tient attentif un grand renom, dans l'ordre
moral comme dans la conduite pratique, on ne rompt pas
avec la conscience universelle.

» Les lugubres, mais immortels lauriers de Kœnigsgratz et
de Sadowa devaient ramener la massue de l'hégémonie prus-

sienne sur le pâle héritier de Napoléon Ier, dès lors qu'après
avoir souscrit à l'établissement d'un empire allemand, tout à
coup il veut, par un procédé oblique, réagir contre ce qu'il
avait encouragé et salué comme propice. Cet incapable, auquel
l'*Officiel* et une presse gagée prêtaient la profondeur d'un immense génie, n'avait pas vu que proclamer *maudits* les traités
œuvre de M. de Talleyrand, surprise faite aux vainqueurs, c'é-
tait préparer sa propre déchéance. — Grâce à lui, la France
suspecte était compromise *dynastiquement*, par le retour même
à la dynastie bonaparte, très-fatal mariage ; elle était — *poli-
tiquement*— isolée, par le fait même de ces façons d'un capitan
fracasse, qui n'avait rien à offrir que cette perpétuelle rengaine
de souvenirs d'une autre époque. Répétés à tout propos, ils
devenaient une injure, une menace, un agacement pour les
gouvernements et les peuples étrangers.

» Ah ! si les mânes frémissent au bruit de la terre ; ceux
que le prince de Joinville alla chercher à Sainte-Hélène, et qui
reçurent l'hommage d'une grande nation, doivent rejeter leur
linceul, sous la honte imprimée à ce nom fabuleux par *Napoléon le Petit*. Augustule a fini l'histoire de César ; l'ironie de la
Providence se retrouve à travers les siècles rééditant les mêmes
leçons. »

Ce qui semblait une conjecture est aujourd'hui une vérité.—
Le bonapartisme s'il pouvait saisir la France, serait l'étincelle
aux poudres des défiances de l'Europe. Il ferait éclater la guerre
étrangère et *ramènerait, pour la quatrième fois, l'invasion et ses
désastres.*

TABLE

Pages.

Avant-Propos...................................... 5

Chapitre Ier. — Première période..................... 9

Chapitre II. — Seconde période...................... 28

Chapitre III.. 55

Chapitre IV.. 72

Le salon de M. Thiers 81

Les salons de Versailles............. 91

Un souvenir prophétique............................ 95

République et Bonapartisme 103

Les deux voies..................................... 118

Un monomane incurable......... 122

Double sacrilége........... 127

Conclusion 142

Post-Face.. 155

PÉRIODE COMMUNALE.

Paris sous la Commune, par ÉDOUARD MORIAC (18 mars au 28 mai). Précédé des Commentaires d'un blessé, par HENRI DE PÈNE. 3ᵉ édition. 1 vol. grand in-18 jésus.............. 3 fr.

Histoire intime de la Révolution du 18 mars, par PHILIBERT AUDEBRAND. 1 vol. grand in-18.................. 3 fr.

Les Hommes de la Commune. — Biographie complète de tous ses membres, par JULES CLÈRE. 4ᵉ édition. 1 vol. in-18.... 2 »

La Délivrance de Paris. — Récit complet des huit journées de mai, par JULES PAU. 1 vol. in-18 jésus................... » 60

Les Francs-Maçons et la Commune de Paris, par un Franc-Maçon M.˙. 1 vol. in-18................... 1 fr.

Le Livre rouge de la Commune. Liste alphabétique de tous ses fonctionnaires extraits de l'*Officiel*, publiée par GEORGES D'HEYLLI. 1 volume grand in-18................... 2 fr.

La Légion d'honneur et la Commune. Rapports et dépositions authentiques concernant le séjour du GÉNÉRAL EUDES et de son état-major à la grande chancellerie, publié par GEORGES D'HEYLLI. 1 vol. grand in-18 jésus.................... 1 fr.

Quatre jours de Prison sous la Commune, par S. RICHARDET, avec une préface par EMILE DE LA BÉDOLLIÈRE. 1 vol. in-18. 50 c.

Guide-Recueil de Paris brûlé. Récit des événements de mai 1871. Notices historiques sur tous les monuments incendiés. Plan de Paris et vingt photographies par PIERRE PETIT. 1 vol. grand in-18 jésus..................... 5 fr.

Une Mission secrète à Paris pendant la Commune. Rapports confidentiels adressés au gouvernement. 1 vol. grand in-18. 1 fr.

Histoire des nouveaux Journaux publiés à Paris pendant le siége et sous la Commune, par FIRMIN MAILLARD. 1 vol. grand in-18..................... 3 fr.

Paris pendant le Siége et les 65 Jours de la Commune, par A.-J. DALSÈME. 1 vol. grand in-18 jésus.............. 3 fr.

Histoire critique du Siége de Paris, par un Officier de Marine ayant pris part au siège. 1 vol. gr. in-18 jésus avec carte. 3 50

La Science pendant le Siége de Paris, par SAINT-EDME, secrétaire du Comité scientifique de la Défense de Paris. 1 vol. grand in-18 orné de figures dans le texte.................. 3 fr.

Les Siéges de Paris, annales militaires de la capitale depuis Jules César jusqu'à ce jour, par BOREL D'HAUTERIVE, bibliothécaire à la bibliothèque Sainte-Geneviève. 1 vol. grand in-18. 3 fr.

Trois Mois de Dictature en Province. — Le Gouvernement de la Défense nationale à Tours, par ARMAND RIVIÈRE. 1 vol. in-18. 2 fr.

Les Mystères de l'Internationale, son origine, son but, ses chefs, ses moyens d'action, son rôle sous la Commune. 1 vol. in-18.................. 1 fr.

Campagne de l'Armée du Nord en 1870-71, par le général L. FAIDHERBE. 1 vol. grand in-8° avec carte............. 2 fr.

Mémoires sur l'Armée de Chanzy. Journal du bataillon des gardes mobiles de Mortain (Manche), 24 août 1870 au 26 mars 1871. 1 vol. grand in-18 jésus..................... 3 fr. 50

Paris. — Imp. Balitout, Questroy et Cᵉ, 7, rue Baillif.

www.ingramcontent.com/pod-product-compliance
Lightning Source LLC
Chambersburg PA
CBHW052055090426

42739CB00010B/2186